Fatma BelAbed

Optimisation MIMO Hybride

Fatma BelAbed

Optimisation MIMO Hybride

Éditions universitaires européennes

Impressum / Mentions légales
Bibliografische Information der Deutschen Nationalbibliothek: Die Deutsche Nationalbibliothek verzeichnet diese Publikation in der Deutschen Nationalbibliografie; detaillierte bibliografische Daten sind im Internet über http://dnb.d-nb.de abrufbar.

Information bibliographique publiée par la Deutsche Nationalbibliothek: La Deutsche Nationalbibliothek inscrit cette publication à la Deutsche Nationalbibliografie; des données bibliographiques détaillées sont disponibles sur internet à l'adresse http://dnb.d-nb.de.

Coverbild / Photo de couverture: www.ingimage.com

Verlag / Editeur:
Éditions universitaires européennes
ist ein Imprint der / est une marque déposée de
OmniScriptum GmbH & Co. KG
Heinrich-Böcking-Str. 6-8, 66121 Saarbrücken, Deutschland / Allemagne
Email: info@editions-ue.com

Herstellung: siehe letzte Seite /
Impression: voir la dernière page
ISBN: 978-3-8416-6672-7

Remerciements

D'abord je rends grâce à Dieu qui m'a comblé de ses bienfaits dont l'une est de m'aider à accomplir ce travail. Seigneur Dieu, merci de m'avoir appris ce que je ne savais pas. Seigneur Dieu, fais que ton enseignement me soit utile, apprends moi ce qui m'est profitable et fais que j'apprenne encore et encore et ne me détourne pas de ta voie après m'avoir guidée.

Ensuite, je tiens à remercier vivement:

Mr. Ridha BOUALLEQUE mon encadrant à l'ENIT pour l'intérêt qu'il m'a accordé tout au long de ce projet, pour le savoir précieux qu'il a aimablement voulu partager avec moi, pour son assistance, ses conseils et ses remarques judicieux malgré ses engagements.

Tous les membres du laboratoire Innov'COM et à tous mes collègues et amies qui m'ont fait profiter de leurs connaissances et de leurs expériences à chaque fois que j'en ai formulé le besoin.
Je remercie également tous les membres du jury pour avoir accepté de me prêter leur attention et évaluer mon travail

Résumé

Ces travaux de recherche traitent   le problème de l'interopérabilité de systèmes de communication capables d'offrir une fiabilité et hautes efficacités spectrales. De plus hauts débits peuvent être offerts par l'utilisation d'un ensemble de techniques. Robustesse et performance sont renforcées par des techniques multi-antennes, au travers d'un multiplexage spatial des données, d'une diversité accrue et d'un traitement de l'interférence.

Pour répondre à la demande ambitieuse en débit de données et de cibler l'efficacité spectrale pour le réseau Long Term Evolution(LTE), La technique MIMO est considérée comme l'une des technologies les plus adaptées. La plupart des études ne prennent pas en considération l'interaction du MIMO avec d'autres mécanismes d'amélioration, comme l'adaptation de lien, la retransmission Hybrid ARQ, l'ordonnancement des paquets, etc....

Par conséquent, cette étude se concentre sur l'intégration efficace des techniques MIMO dans le système LTE et à l'analyse de l'interopérabilité des différents mécanismes.

Mots clefs : LTE, MIMO, HARQ, Adaptation du lien, turbo code.

Abstract

This research addresses the problem of interoperability of communications systems capable of providing a reliable and high spectral efficiency. Higher data rates may be offered by the use of a set of techniques. Robustness and performance are enhanced by multi-antenna techniques, through spatial multiplexing data, increased diversity and treatment of the interference. To meet demand ambitious data rate and target spectral efficiency for the network Long Term Evolution (LTE), the MIMO technique is considered one of the most suitable technologies. Most studies do not take into account the interaction of MIMO with other improvement mechanisms, such as link adaptation, hybrid ARQ retransmission, the packet scheduling...
Therefore, this study focuses on the effective integration of MIMO techniques in the LTE system and analysis of the interoperability of different mechanisms.

Key words: LTE, MIMO, HARQ, Link Adaptation, scheduling, turbo code

Liste des acronymes

3GPP	3rd Generation Partnership Project
ACK	Acknowledges
BER	Bit Error Rate
BPSK	Binary Phase Shift Keying
CSI	Channel State Information
CQI	Channel Quality Indicator
CDD	Cyclic Delay Diversity
CW	Code Word
CLSM	Closed Loop Spatial Multiplexing
eNB	eUTRAN NodeB
FFT	Fast Fourier Transform
FDMA	Frequency Division Multiple Access
FDPS	Frequency Domain Packet Scheduling
FEC	Forward error correction
HARQ	Hybrid Automatic ReQuest
HSPA	High Speed Packet Access
ICI	Intra Cellular Interference
IFFT	Inverse Fast Fourier Transform
IES	Interference Entre Symbols
iid	independent identically distributed
IP	Internet Protocol
LS	Least Square
LTE	Long Term Evolution
LOS	Light Of Sight
MAC	Medium Access Control
MBSN	Multicast/Broadcast over single Frequency Network
MCS	Modulation and Coding Scheme
MIMO	Multiple Input Multiple Output
MME	Mobility Management Entity
MMSE	Minimum Mean Square Error

NLOS   Non Light Of Sight

OFDM   Orthogonal Frequency Divison Multiplexing
OLSM   Open Loop Spatial Multiplexing

PAPR   Peak Average Power Ratio
PDP   Power Delay Profile
PedA   Pedestrian A
PMI   Precoding Matrix Indicator
P-GW   Packet Data Network Gateway
PSTN   Public Switched Telephone Network.

QAM   Quadrature Shift Keying

RI   Rank Indicator
RE   Resource Element
RS   Reference Signal
RB   Resource Block
RTT   Round-Trip Time

SB   Scheduling Block
SC-FDMA   Single-Carrier FDMA
SCS   Scheduling Candidate Set
SISO   Single Input Single Output
SINR   Signal to-Interference plus Noise Ratio
SNR   Signal to Noise Ratio
S-GW   Serving Gateway
SU-MIMO   Single User-MIMO
SVD   Singular Value Decomposition
SRS   Sounding Reference signal

TB   Transport Block
TDPS   Time Domain Packet Scheduling
TU   Typical Urban
TTI   Transmission Time Interval

UE   User Equipment

VehA   Vehicular A

WiFi   Wireless Fidelity
Wimax   Worldwide Interoperability for Microwave Access

ZF   Zero Forcing

Table des matières

Liste des tableaux

Liste des figures

Introduction Générale

L e développement des techniques de communication sans fils a connu durant les deux dernières décennies un essor extrêmement important. Les communications constituent donc un marché porteur où les industriels doivent anticiper les attentes des consommateurs friands de nouvelles technologies de communication. C'est pourquoi la recherche dans ce domaine est très active et les scientifiques doivent faire preuve d'ingéniosité, d'inventivité et d'anticipation pour proposer de nouvelles techniques de transmission permettant d'atteindre des débits toujours plus élevés et des qualités de service toujours plus importantes.

C'est dans ce contexte qu'est apparue il y a quelques années la technologie multi-antennes ou MIMO. Les systèmes de communications MIMO sont l'objet d'un regain d'intérêt suscité par des nombreux projets de recherches et notamment les nouvelles normes de réseaux sans fils type Wimax, HSPA, LTE...

Pour se protéger des défaillances du canal, il a été rapidement compris et pris en considération l'avantage et l'importance de l'exploitation de cette diversité. Il s'agit d'envoyer plusieurs copies de chaque symbole, en faisant en sorte que chacun des symboles transmis soit affecté différemment des effets du canal. Ce concept est généralisable pour chaque dimension pour laquelle le canal présente des variations: spatiale, temporelle, fréquentielle. Les études concernant les systèmes multi-antennes cherchent principalement à bien répartir les symboles sur les différentes antennes émettrices, lutter contre les évanouissements et les différents traitements en réception dont la gestion des interférences Co-antenne.

Les chercheurs ainsi que les industriels espèrent beaucoup de la technologie multi-antennes, et pensent qu'elle peut résoudre un certain nombre de problèmes de débit et de fiabilité. D'autre part ces systèmes MIMO sont encore plus efficaces s'ils sont associés avec d'autres technologies, comme les multi porteuses ou OFDM. L'optimisation du tel type de communication constitue également un axe d'étude intéressant et un enjeu important toujours dans le but de maximiser la performance, le débit et offrir une qualité de service plus meilleure. En effet, la problématique dans un cas MIMO est d'optimiser non seulement une liaison

MIMO mais aussi l'interopérabilité de l'ensemble des techniques utilisées. C'est dans cet axe de recherche que s'inscrit ce sujet.

Le présent rapport est organisé en trois chapitres :

Chapitre 1 a pour objectif de présenter les différents éléments de base constituant les systèmes de transmission multi-antennes et plus précisément les particularités de la couche physique et la sous couche MAC. Dans cette partie une étude de Long Term Evolution LTE a été réalisée. Ces caractéristiques constituent un élément important dans l'analyse et l'optimisation d'une liaison LTE descendante. De plus, l'adaptation à un contexte MIMO de certaines technologies de transmission existantes comme la transmission OFDM dans un cas multi-antenne est abordée.

Chapitre 2 est consacré aux techniques MIMO à l'émission et à la réception ainsi que sa combinaison avec OFDM pour les transmissions cohérentes. Les transmissions cohérentes sont caractérisées par une estimation de canal en réception. Pour ces systèmes cohérents, nous introduisons en particulier les deux types de récepteur forçage à zéro ZF (Zero Forcing) et détection par sphère SSD(Soft Sphere Detection) ainsi qu'une analyse d'un certain nombre d'algorithmes d'estimation du canal effectuée grâce aux symboles pilotes insérés dans la trame et des exemples des algorithmes d'estimateurs de canal sont LS et MMSE. La dernière partie du chapitre complète l'analyse théorique en donnant un aperçu sur le feedback et les signaux de références dans le but d'améliorer la qualité de transmission.

Chapitre 3 s'intéresse à décrire les différentes interfaces développées, le simulateur utilisé ainsi qu'aux différents paramètres des simulations. Nous parlons des différents paramètres choisis, que ce soit pour le système MIMO-OFDM, les techniques utilisées ou canal de transmission. Pour ce dernier nous avons choisi deux modèles proches du cas réel pour une transmission dans un environnement urbain. Enfin, une partie est consacrée à l'analyse de tous les résultats obtenus et les différentes techniques étudiées au cours de ce travail en essayant de mettre l'accent sur leurs impacts spécialement sur le débit, la capacité et le taux des bits et blocs erronés .

Le document se termine par une conclusion générale expliquant les éléments importants apportés et les perspectives d'étude.

CHAPITRE

1   GÉNÉRALITÉS SUR LTE

Généralités sur LTE

1. Introduction

Développé par 3GPP[1] et connu sous le terme Release 8, LTE (Long Term Evolution) est le nom d'un projet visant à préparer des normes techniques de la 4G.

Ce projet est néanmoins très proche du palier suivant 4G, en fixant un ensemble d'objectifs à atteindre, il peut être définit comme étant 3.9G ou encore Super 3G.

Les objectifs du LTE sont :

- Atteindre des débits pic de 100 Mbps utilisé en voie montante(en Downlink) et 50 Mbps en voie descendante (en Uplink)
- Réduire la latence (RTT de 10 ms)
- Améliorer l'efficacité spectrale.
- Posséder une bande passante modulable (1.4 / 2.5 / 5 / 10 / 15 / 20 MHz).
- Supporter la mobilité entre les différents réseaux d'accès.
- Implémenter une nouvelle architecture simplifiée du réseau
- Assurer la compatibilité avec les Releases 3GPP précédentes.

La première étape de ce projet est d'abord la compréhension et l'étude de ce nouveau concept qui font l'objet de ce chapitre. Nous présentons particulièrement son architecture et ses principales caractéristiques qui seront utile tout au long du sujet.

2. Caractéristiques du LTE

Pour parvenir aux objectifs fixés et fournir un très haut débit, une grande portée et une meilleure transmission des données, Les systemes LTE recourent à des changements au niveau de la transmission radio, l'architectures réseau, l'utilisation de diverses techniques de transmission et d'accès telles que   SC-FDMA, OFDM, MIMO, HARQ…

---

[1] *3rd Generation Partnership Project*, consiste en une collaboration active entre différents organismes de standardisations en télécommunications. Les standardisations développées sont sous le terme « Release »

2.1. LTE et bande de fréquences

Diverses bandes de fréquences ont été exploitées par LTE. En effet, les bandes situées dans la zone des 700 MHz et 900 MHz sont utilisables sur tout le territoire et plus particulièrement dans les zones rurales puisqu'elles permettent d'offrir une grande couverture. Le rayon de couverture de chaque cellule est variable, allant de quelques centaines de mètres (débits optimaux en zones urbaines) jusqu'à 50 km (zones rurales). Dans les villes et zones urbaines, les bandes de fréquences utilisées sont plus élevées (entre 2,5 et 2,7 GHz). Dans ce cas, la taille de la cellule radio (zone de couverture) sera d'environ 1 km ou moins (small cells).

LTE utilise un multiplexage de fréquences FDD (Frequency Division Duplex) et multiplexage temporel TDD (Time Division Duplex).

✓ Le multiplexage FDD : nécessite une fréquence dans chaque sens de transmission. le multiplexage FDD réduit de façon significative le nombre d'émetteurs par rapport au multiplexage TDD (ou encore améliore la couverture à nombre d'émetteurs déterminé). C'est le mode supporté dans notre cas d'étude.

✓ Le multiplexage TDD : pour lequel une seule fréquence est utilisée dans les deux sens de transmission. Le multiplexage TDD reste en revanche intéressant dans le cas où un bloc de fréquence disponible ne peut pas être associé à un autre bloc identique et suffisamment distant pour permettre l'usage d'un multiplexage FDD.

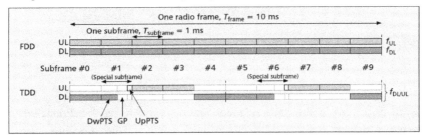

Figure 1: Les structures d'une trame LTE

- DwPTS (Downlink Pilot Time Slot): utilisé pour la synchronization downlink.
- GP (Guard Period): utilisé pour assurer la transmission sans aucune interférence entre les deux voies UL et DL.
- UpPTS (Uplink Pilot Time Slot) : utilisé par eNB pour déterminer le niveau de puissance reçue.

2.2. Architecture du LTE

Pour minimiser la complexité des réseaux précédents, LTE implémente une nouvelle architecture. La figure 2 présente l'architecture générale d'un réseau LTE qui est composé d'un réseau d'accès et d'un réseau cœur (Evolved Packet Core) et d'autres blocs permettant aux réseaux LTE de se connecter avec les réseaux 3GPP existants, les réseaux IP, réseaux téléphoniques commutés (PSTN) et les réseaux non 3GPP tels que Wimax.

L'architecture de réseau cœur est basée sur le protocole TCP/IP. Cela permet de simplifier son interfonctionnement avec les réseaux fixes et non-3GPP. En comparaison avec le réseau cœur des générations précédentes, le réseau cœur du LTE est plus simple puisqu'il a moins de nœuds dont chacun peut fournir des fonctions supplémentaires.

D'une façon générale, il y a trois nœuds principaux : MME au plan contrôle, S-GW et P-GW au plan utilisateur.

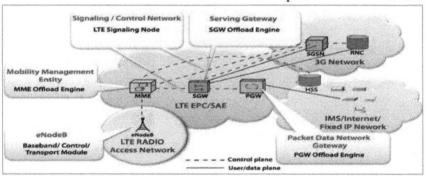

Figure 2: Architecture du LTE

Le réseau d'accès est réduit dans l'eNodeB qui est enrichies en fonctionnalités et représente l'élément de base dans chaque cellule. Elle s'occupe de la modulation/démodulation, le codage/ décodage des informations transmises sur l'interface radio, l'ordonnancement, le handover…

Afin d'atteindre le haut débit, la capacité maximale et optimale et la fiabilité, LTE utilise une combinaison d'un ensemble de techniques tels que HARQ (Hybride Automatic ReQuest), turbo codage, OFDM, MIMO… Nous étudierons dans la suite, les particularités de la couche physique et la sous couche MAC ainsi que les techniques appliquées.

2.3. Architecture protocolaire

La figure 3 montre un diagramme simplifié illustrant ces différentes couches et le flux de données pour la transmission. C'est en ce qui concerne le fonctionnement de la sous-couche MAC et la couche « physique » que nous nous intéresserons plus en détail dans la suite, car à ce niveau qu'interviennent en particulier les techniques OFDMA, SC-FDMA(Single Carrier FDMA), MIMO(Mltiple Input Multiple Output) et les fonctions de modulation, de codage, scheduling….

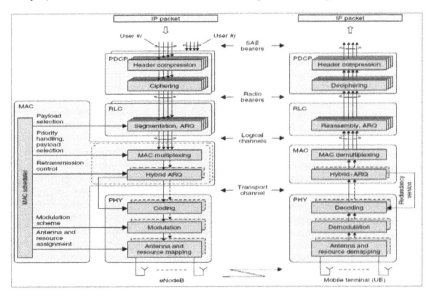

Figure 3: *Diagramme des différentes couches protocolaires*

2.3.1. La sous couche MAC

Le but principal de la sous couche MAC (Medium Access Control) est de fournir un couplage efficace entre les services des couches supérieures et la couche physique. Dans cette perspective, elle regroupe les fonctions qui permettent de résoudre les problèmes liés à la couche inferieure pour assurer le couplage entre les couches supérieures et la couche physique, telles que: multiplexage des canaux logiques vers les canaux de transport correspondants, ordonnancement selon la priorité (priority handling), correction d'erreurs basée sur le mécanisme de retransmission HARQ.

2.3.1.1. Hybrid Automatic ReQuest (HARQ)

Pour assurer la fiabilité des données transmises sur un lien physique pouvant introduire des erreurs, on utilise souvent deux méthodes de contrôle d'erreurs: les codes correcteurs d'erreurs et le protocole ARQ (Automatic Repeat reQuest). Le protocole HARQ est une combinaison de ces deux méthodes dont le but est d'améliorer l'efficacité du système en termes de débit utile.

HARQ est une association de N processus en parallèles pour implémenter N protocoles Stop and Wait (SAW). En effet, elle facilite la détection et la correction des erreurs de transmission, après la réception des ACKs/NACKs. Dans le cas d'un ACK une nouvelle transmission est lancée, si non une retransmission aura lieu. [1,2]

D'une façon générale, deux variantes de HARQ peuvent exister :

- un algorithme de Chase Combining CC (Chase Combining), dont le principe est basé sur une retransmission identique de la transmission originale (copie identique du signal original envoyé) afin que le récepteur puisse obtenir un gain du SNR par la combinaison de toutes les informations contenues dans toutes les transmissions.

- Un algorithme IR (Incremental Redundancy) qui est plus performant en ajoutant une redondance supplémentaire pour faciliter le décodage des paquets.

LTE utilise IR-HARQ avec un turbo code de débit 1/3.Cet algorithme permet de gagner une performance avec un débit de codage et une modulation importants.

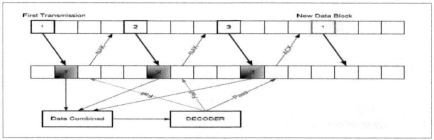

Figure 4: Le processus HARQ

2.3.1.2.   Ordonnancement sous couche MAC

Une des principales caractéristiques du LTE est le partage dynamique des ressources temporelles et fréquentielles entre les différents utilisateurs. L'ordonnanceur est chargé de gérer et de contrôler cette tâche.

Pour bien gérer l'allocation des ressources, un ordonnanceur exige la connaissance de conditions de transmission sur le canal via la valeur rapportée CQI.

Idéalement, à chaque durée d'ordonnancement, ordonnanceur doit connaître le gain du canal, pour chaque sous-porteuse et chaque utilisateur. La plus petite unité de ressource qu'il peut allouer à un utilisateur est un SB (Scheduling Block), qui représente deux RBs consécutifs, une durée de 1 ms et une largeur de bande de 180 kHz (*cf.* Figure 5).

Pour réduire la complexité, la plupart des ordonnanceurs opère en deux phases: ordonnancement dans le domaine temporel TDPS (**T**ime **D**omain **P**acket **S**cheduling) suivi par un ordonnancement dans le domaine fréquentiel FDPS (**F**requency **D**omain **P**acket **S**cheduling). Dans le domaine temporel, l'ordonnanceur crée une SCS (**S**cheduling **C**andidate **S**et) qui est une liste des utilisateurs pouvant allouer des ressources alors que l'ordonnancement dans le domaine fréquentiel détermine l'allocation réelle des blocs d'ordonnancement SBs pour les utilisateurs listés dans la SCS. [3]

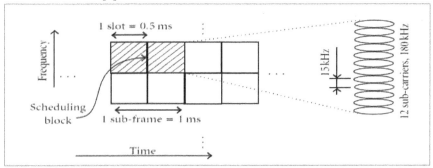

Figure 5: Illustration des blocs d'ordonnancement dans une liaison LTE descendante

2.3.2.   La couche physique

La couche physique est définie en détail dans les spécifications de LTE [4-5] et [6-7]. Elle est caractérisée par l'utilisation de SC-FDMA en Uplink et OFDMA en Downlink. Cette couche supporte également un ensemble de techniques de modulation, de codage…, techniques indispensables à l'optimisation globale des systèmes MIMO que nous proposons plus loin dans cet ouvrage. Dans le tableau suivant, nous citons quelques paramètres globaux du LTE Release 8.

Tableau 1: Paramètres globaux du LTE. Release8. [8]

Méthode d'accès	DL	OFDMA					
	UL	SC-FDMA					
Bande de fréquence MHz		1.4	3	5	10	15	20
Durée TTI		1ms					
Espacement entre sous-porteuse		15 kHz					
Préfixe cyclique	Normal	7 symboles OFDM					

	Etendu	*6 symboles OFDM*
Modulation		*QPSK, 16QAM et 64QAM*

2.3.2.1.   Le réseau d'accès

Les techniques qui apportent des évolutions de LTE et qui représentent les principales caractéristiques du réseau d'accès sont principalement OFDMA, SC-FDMA et MIMO.

2.3.2.1.1.   OFDMA en Downlink

La technique appelée multi-porteuses consiste à transmettre des données numériques en les modulant sur un grand nombre de porteuses simultanément et à bas débit.

Dans la technique OFDMA (Orthogonal Frequency Division Multiple Access), il s'agit d'assigner exclusivement chaque sous-porteuse à un seul utilisateur en cherchant à éliminer de ce fait les Interférences Intra Cellulaires (ICI) et inter-porteuse. Ces attributions sont sous formes de blocs de fréquence/temps ou encore appelés blocs de ressources RB (Ressource Block).

La différence fondamentale entre les techniques classiques de modulation mono-porteuses et l'OFDM est que cette dernière autorise un recouvrement spectral entre ces sous-porteuses permettant d'augmenter sensiblement leur nombre. Cependant, pour que ce recouvrement n'ait pas d'effet néfaste, les porteuses doivent être orthogonales.

Un des grands avantages de l'OFDMA est son efficacité lors de l'utilisation des ressources fréquentielles qui est due au fait que les canaux se chevauchent, sans perte d'information, à condition de garder une orthogonalité parfaite. Ainsi que sa robustesse au bruit puisque chaque sous-porteuse est affectée par un bruit indépendamment des autres porteuses.

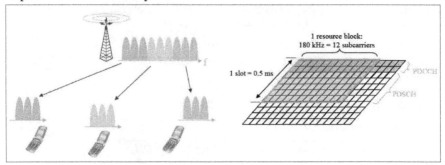

Figure 6: *Le principe de l'OFDMA*

L'insertion d'une période de garde entre les symboles OFDM successifs s'avère être un outil très puissant pour éviter l'IES dans un environnement pouvant introduire des affaiblissements, mais elle n'évite pas la perte de l'orthogonalité entre les sous-porteuses. L'ajout d'un préfixe cyclique est le fait de remplir l'intervalle de garde avec les derniers symboles de la trame OFDM. Une relation peut exister entre la durée du symbole, la durée utile et l'intervalle de garde :

$$T_s = T_u + T_g$$

Deux problèmes principaux doivent être pris en considération lors de l'implémentation d'un système OFDMA, le premier est à l'émission, soit le PAPR (rapport entre les puissances de crête et moyenne) et l'autre est à la réception, qui est le décalage (offset) fréquentiel.

La variation importante de l'amplitude du signal en fonction des symboles à transmettre est un point qui peut être critique dans les systèmes OFDM. En effet, le PAPR peut être très important dans ce cas.

Le décalage fréquentiel est le résultat de l'écart entre l'oscillateur de l'émetteur et celui du récepteur. En plus, le bruit de phase de l'oscillateur du récepteur peut être lui aussi considéré comme une source du décalage fréquentiel. Le récepteur doit alors estimer et pouvoir corriger le décalage fréquentiel responsable de l'interférence entre porteuses. Ce décalage fréquentiel engendre de l'interférence entre porteuses ce qui engendre également une perte de l'orthogonalité entre les sous-canaux [9]. Les systèmes multi-porteuses sont beaucoup plus sensibles aux décalages fréquentiels que les systèmes mono-porteuses [10].

2.3.2.1.2. La structure des trames en LTE

La structure de trame pour LTE diffère entre les deux modes duplex TDD et FDD, car il y a des exigences différentes sur la séparation des données transmises. D'une façon générale, il existe deux types de structures de trames LTE: une utilisée par les systèmes opérant en mode FDD, qu'on explicitera par la suite, et une structure pour les systèmes opérant en mode TDD.

Une trame LTE pour le mode FDD dure 10 ms. Elle est découpée en 10 sous trames d'une durée de 1 ms. Chaque sous trame est divisée en deux slots. Un slot dure donc 0,5 ms, durée pendant laquelle est transmis 6 ou 7 symboles par bande OFDM. Or, LTE regroupe un bloc de données à transmettre en 12 bandes de fréquences de 15 kHz. Par conséquent, le nombre des symboles transmis pendant un slot est   84 symboles =7 symboles ×12 bandes ou 72symboles = 6 symboles ×12 bandes (*cf.* Figure 7). 12 sous-porteuses consécutives dans le domaine de fréquence et 6 ou 7 symboles dans le domaine de temps forment un bloc de ressource RB. Un bloc de ressource représente la plus petite ressource allouée en uplink ou downlink.

Le nombre de symboles dépend du Préfixe Cyclique (CP) dans l'utilisation : quand un CP normal est utilisé, le Bloc de Ressource contient 7 symboles et quand un CP étendu est utilisé, le Bloc de Ressource contient 6 symboles.

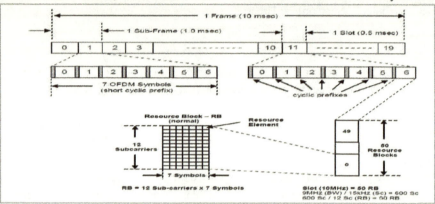

Figure 7: structure de trame LTE

Le nombre maximal des blocs de ressources, selon la bande de fréquence utilisée, est représenté par le tableau suivant :

Tableau 2: Les bandes fréquentielles en LTE et Les ressources blocs

Bande utilisée [MHz]	1.4	3	5	10	15	20
Nombre des Ressources Blocs N_{RB}	6	15	25	50	75	100
Nombre des sous-porteuses	72	180	300	600	900	1200
IFFT / FFT	128	256	512	1024	1536	2048
Espacement entre sous-porteuses	15 KHz					

2.3.2.1.3. SC-FDMA en Uplink

La SC-FDMA « Single Carrier Frequency Division Multiple Accès » est une technique d'accès multiple qui combine la technique de transmission mono-porteuse SC/FDE (Single Carrier with Frequency Domain Equalization) et une allocation de ressource radio par répartition de fréquences (FDMA). Elle a été récemment proposée dans le cadre de la future norme de réseaux cellulaire 3GPP LTE pour les communications à voix montante.

L'avantage principal de SC-FDMA est son faible PAPR très bénéfique à la réduction de la consommation énergétique des mobiles qui a d'ailleurs value son adoption pour la voix montante de la norme 3GPP LTE.

La modulation SC-FDMA est une technique de transmission mono-porteuse mais très proche de la modulation OFDM. Cette technique consiste à répartir sur un grand nombre de porteuses, non pas directement les symboles source comme en OFDM, mais leur représentation fréquentielle après les avoir réparties sur la bande du système selon un certain mode que nous présenterons.

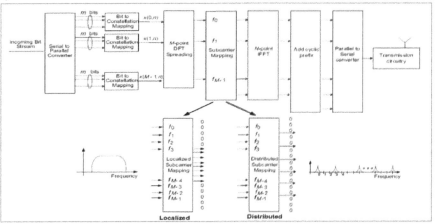

Figure 8: Le principe de SC-FDMA [11]

Les deux modes adoptés par SC-FDMA sont : un accès FDMA localisé (L-FDMA) ou FDMA distribué (I-FDMA).

En premier mode, aucun zéro n'est inséré entre les échantillons à la sortie de la DFT, ceux-ci étant donc transposés sur des sous-porteuses consécutives, alors qu'en mode distribué un certain nombre de zéros est inséré entre chaque échantillon de sortie de la DFT, permettant d'avoir une meilleure exploitation de la bande fréquentielle et une grande diversité.

Le SC-FDMA consiste en l'envoi des données en série sur une même porteuse permettant d'obtenir un faible PAPR [12].

2.3.2.2. Techniques utilisées

L'obtention d'une bonne qualité de transmission avec un haut débit, nécessite l'implémentation des nouvelles techniques de modulation, d'adaptation du lien, de codage, d'ordonnancement et d'envoi.

2.3.2.2.1. Modulations

Les types de modulation utilisés sont le QPSK, le 16-QAM et le 64QAM, avec 2, 4 et 6 bits par symbole. Le choix du type de modulation s'opère de manière dynamique au moyen d'une programmation d'ordonnancement temporelle sélective (selective scheduling) par la gestion des ressources radio (RRC) effectuée par la station de base , sur la base de la qualité instantanée du canal radio signalée par le terminal (UE) via la valeur rapportée CQI.

LTE applique une technique de modulation et de codage adaptatifs (*AMC : Adaptive Modulation and Coding*) avec un débit de codage spécifique à chaque sous porteuse.

La technique AMC permet de maintenir la valeur du taux d'erreurs BER (Bit Error Rate) au-dessous d'une valeur prédéfinie (qui est généralement BLER≤ 0.1), en cherchant à adapter le signal transmis à un utilisateur précis avec les conditions instantanées du canal de transmission CQI.

2.3.2.2.2. Codage canal

Afin de corriger les erreurs introduites par le canal de transmission et le bruit, un codage canal utilisé en LTE lors du transport des blocs de données est le turbo-code avec un débit R=1/3.

Les turbo codes cherchent à introduire de la redondance dans le message transmis pour lutter contre les erreurs et le rendre moins sensible aux bruits et perturbations subies lors de la transmission. Le codage consiste à utiliser deux (ou plus) codeurs simples, dont les entrées ont été entrelacées; ainsi, chaque codeur reçoit une série d'informations différentes à l'entrée. Les turbo-codes semblent représenter un type de codage correcteur le plus performant et leur utilisation est déjà conseillée dans de nombreuses normes de télécommunications.

L'intérêt principal de l'utilisation d'un entrelaceur dans les turbo-codes est d'espacer les regroupements d'erreurs à la sortie d'un codeur dans le but de les présenter sous forme isolée à l'entrée du codeur suivant.
Le décodage est une collaboration entre les décodeurs, chacun participe en donnant son « avis » (notion de confiance) sur chaque bit décodé. Cette information est ensuite fournie à l'entrée du prochain décodeur, et ainsi de suite. D'où l'appellation « turbo ». [13]

2.3.2.2.3. Adaptation du lien (LA : Link Adaptation)

LA est une fonctionnalité fondamentale dans une chaîne bruitée cherchant à adapter la bande passante, la modulation et le codage, la puissance transmise et/ou d'autres paramètres de transmission des signaux, les adapter aux conditions instantanées du canal visant à accroître l'efficacité spectrale et la fiabilité des systèmes sans fils. L'adaptation du lien comprend le contrôle de la puissance, l'AMC, l'adaptation de la bande de transmission. Ces mécanismes sont décrits en détail dans les sections suivantes.

- **Modulation et codage adaptifs (AMC : Adaptive Modulation and Coding)**

  Il est bien connu que l'AMC peut significativement améliorer l'efficacité spectrale d'un système sans fil [14]. L'algorithme de sélection d'un schéma de modulation et de codage MCS est basé sur des tables de mappage qui rendent un format de MCS (et de là une Taille de Bloc de Transport (TBS)) après avoir reçu une valeur de SINR et, optionnellement, le bloc d'erreur (BLER). Dans une liaison LTE descendante les types de modulation de données supportés sont QPSK, 16-QAM et 64-QAM.

- **Bande de transmission adaptive (ATB : Adaptive Transmission Bandwidth)**

  L'ATB devient une technique nécessaire pour faire face aux types de trafic différents, variant et la limitation de la puissance dans l'UE.

  L'ATB est alors une fonctionnalité qui permet l'allocation des parties différentes de la largeur de la bande aux différents utilisateurs et offre donc une flexibilité significative .L'intégration des deux fonctionnalités, en effet, donne la possibilité de mieux exploiter la diversité de fréquence en limitant l'allocation de la bande passante d'utilisateur.

- **OLLA (Outer Loop Link Adaptation)**

  Plusieurs erreurs dues à la mesure du SNR, retard d'adaptation du lien, la variation des conditions de transmission, l'interférence…peuvent provoquer une déviation de la valeur du BLER, dés la première transmission, de sa valeur prédéfinie (de l'ordre de 10-30%). L'algorithme OLLA (Outer Loop Link Adaptation) est alors nécessaire pour compenser ces erreurs. Dans le cas où les erreurs de CSI ne peuvent pas être totalement évitées, OLLA est généralement employé pour stabiliser la valeur du BLER.

L'algorithme OLLA contrôle le succès des transmissions passées à chaque utilisateur en se basant sur les ACKs/NACKs reçus.

- **Contrôle de puissance**

    Afin de s'adapter aux changements dus aux interférences intercellulaires, de correction des pertes ou des erreurs des amplificateurs de puissance, LTE adopte un système de contrôle de puissance.

    Le contrôle de puissance cherche généralement à maximiser la puissance reçue de signaux souhaités tout en limitant les perturbations. Les terminaux les plus loin de la cellule voisine peuvent transmettre avec plus de puissance que les terminaux qui sont à proximité de la cellule. L'orthogonalité des porteuses dans LTE permet la transmission de signaux avec différente puissance dans la même cellule. À court terme, cela signifie qu'au lieu de compenser les pics des évanouissements des trajets multiples par réduction de puissance, on peut exploiter ces pics par augmentation du taux de données au moyen de planification et adaptation de liaison. [15]

2.3.2.2.4. Multiple-Input Multiple-Output (MIMO)

Les systèmes de communication traditionnels ne comportent qu'une seule antenne émettrice et une seule antenne réceptrice, systèmes connus sous le nom SISO (**S**ingle **I**nput **S**ingle **O**utput). Or les exigences des services de ces systèmes actuels dépassent la tendance d'une simple transmission de données, en cherchant encore à augmenter la capacité de la transmission, le débit et la couverture. Ainsi l'augmentation de la capacité nécessite ou bien d'augmenter la bande passante, ou bien d'augmenter les puissances transmises. Mais les récents développements ont montré qu'une exploitation de la diversité d'antennes à l'émission et à la réception permettait d'augmenter le débit de transmission des données sans augmenter ni la bande passante de l'antenne réceptrice du système SISO, ni la puissance du signal à l'émission. Cette technique de transmission est connue sous le nom MIMO (**M**ultiple **I**nput, **M**ultiple **O**utput). Un système MIMO tire profit de l'environnement multi-trajets en utilisant les différents canaux de propagation créés par réflexion et/ou par diffraction des ondes dans le but d'augmenter la capacité de transmission.

Les systèmes MIMO présentent deux avantages principaux:
- Exploitation de la diversité spatiale pour améliorer la qualité du lien en s'affranchissant des évanouissements des canaux.
- Exploitation du multiplexage spatial afin d'augmenter le débit d'information sans augmentation de la bande passante ou la puissance transmise.

2.3.3.   Canaux Radio LTE

Différents canaux sont utilisés pour séparer les différents types de données et leur permettre d'être transportés à travers le réseau d'accès d'une façon fiable et ordonnée.

On distingue 3 types des canaux : physiques, logiques et de transports.

• Les canaux physiques : ceux-ci sont les canaux de transmission qui portent des données utilisateurs et contrôlent les messages. Ils varient entre une liaison descendante et une liaison ascendante, comme chacun a des exigences différentes et opère dans une façon différente.

• Les canaux logiques : ils servent pour le transport des données des couches supérieures. On distingue deux types de canaux logiques : les canaux de contrôle pour le transport des données du plan de contrôle et les canaux de trafic pour le transport des données utilisateurs du plan usager.

• Les canaux de transport : ils permettent le transfert de l'information vers la sous couche MAC et aux couches supérieures. Ils donnent des informations supplémentaires sur les données transmis, tel que le type de codage canal, la protection CRC qui est utilisée, la taille des paquets de données envoyées sur l'interface radio. Ces informations sont connus sous le nom « Transport Format ». On distingue deux types de canaux de transport : les canaux de transport downlink et les canaux de transport uplink.

3.   Conclusion

Nous avons présenté dans ce chapitre quelques généralités sur LTE. Nous avons détaillé les caractéristiques de la couche physique et les techniques utilisées. Les techniques que nous utiliserons dans ce sujet de master ont été décrites, en particulier SC-FDMA, OFDMA et MIMO qui caractérisent les communications radio.

 Pour pouvoir évaluer les performances d'une liaison LTE descendante dans la suite de ce rapport, il nous a paru intéressant de rappeler plusieurs notions de la couche physique ainsi que la sous couche MAC tels que les notions de modulation, de codage, de retransmission...

Après avoir rappelé ces généralités utiles à la compréhension de l'ensemble du travail, nous allons maintenant décrire les systèmes MIMO, basés sur la diversité d'antennes à la fois à l'émission et à la réception, ainsi qu'une étude d'une chaine de transmission MIMO-OFDM avec ses particularités et les principales techniques utilisées pour optimiser la puissance, le débit, le taux des erreurs et pouvoir par la suite satisfaire les exigences des utilisateurs

CHAPITRE

2   MIMO HYBRIDE

MIMO Hybride

1. Introduction

Pour lutter contre les évanouissements causés par les trajets multiples, l'idée est d'exploiter la diversité dans les systèmes de transmission sans fil. En effet, si plusieurs copies de l'information sont reçues par des liaisons dont les évanouissements respectifs sont indépendants les uns des autres, il y a une très faible probabilité pour que la totalité des copies de ces liaisons subissent une forte atténuation, permettant d'augmenter ainsi la fiabilité de la liaison. La diversité se révèle donc être un outil très efficace pour combattre les interférences entre canaux et permet notamment d'augmenter la capacité et la couverture des systèmes radio. Les trois formes de diversité traditionnellement utilisées en communications sont la diversité temporelle, fréquentielle et particulièrement la diversité spatiale.

La tendance actuelle est de bien exploiter cette diversité spatiale en associant plusieurs antennes à la fois à l'émission et à la réception, formant ainsi des systèmes multi-antennes plus connus sous le nom MIMO (pour Multi-Input Multi-Output) avec leur interopérabilité avec d'autres techniques telles que l'OFDM. Ces systèmes réduisent clairement les fluctuations du signal, éliminent les évanouissements et permettent d'améliorer la capacité, le débit et la fiabilité d'une liaison.

2. Systèmes MIMO

Les systèmes MIMO est une association de plusieurs antennes émettrices et plusieurs antennes réceptrices. MIMO est un ensemble de techniques de traitement du signal permettant d'exploiter la multiplicité d'antennes, autorisant une communication plus exacte et permettant d'éviter les défaillances introduites lors de la propagation, tels les trajets multiples et les évanouissements. Si on a une diversité d'antennes à l'émission, on parle dans ce cas, d'une liaison MISO (Multiple-Input Single Output) et si cette diversité est à la réception , on parle d'une liaison SIMO (Single Input Multiple-Output). Par ailleurs, lorsqu'on utilise plusieurs antennes à l'émission ou à la réception, la probabilité de perte de la totalité de l'information diminue avec le nombre d'antennes dé-corrélées. C'est le phénomène de diversité spatiale.

Considérons un système MIMO avec n récepteurs et m émetteurs. On suppose que la bande de fréquence utilisée pour la transmission est assez étroite pour que le canal soit non sélectif en fréquence. Chaque trajet entre une antenne émettrice et une antenne réceptrice peut alors être caractérisé par un gain complexe h_{ji} représentant le coefficient d'évanouissement entre le i^{eme} émetteur et le j^{eme} récepteur (Figure 9). A la réception, le signal r_j reçu par la j^{eme} antenne peut par conséquent s'écrire de la manière suivante:

$$r_j = \sum_{i=1}^{m} h_{ji}\, s_i + n_j \qquad (2.1)$$

Où n est le vecteur bruit.

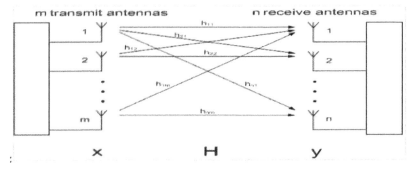

Figure 9: Système MIMO

H est la matrice du canal. Elle peut être représentée par la matrice suivante :

$$H = \begin{bmatrix} h_{11}\, h_{12}\, h_{..}\, h_{1m} \\ h_{21} h_{22}\, h_{..}\, h_{2m} \\ h_{..}\quad h_{..}\quad h_{..}\quad h_{.m} \\ h_{n1} h_{n2}\, h_{n.}\, h_{nm} \end{bmatrix}$$

Et le signal reçu peut se mettre sous la forme suivante :

$$r = Hs + n \qquad (2.2)$$

Les données transmises sont divisées en des flux indépendants. Le nombre de flux doit être inferieur ou égal au nombre d'antennes.

Il est important de souligner l'influence de l'accessibilité de l'information sur l'état du canal à la réception et /ou à l'émission. On parle en effet de :

✓ CSI_{TR} : lorsque l'émetteur et le récepteur connaissent l'état du canal.

✓ CSI_R : lorsque seul le récepteur connait l'état du canal.

✓ CSI_{NO} : dans le cas d'absence d'information sur le canal à l'émission et à la réception.

Nous allons détailler dans la suite le cas CSI_{TR}.

2.1. Gain des systèmes MIMO

L'optimisation de tout système de communication fait face à une dualité : augmentation du débit et minimisation des erreurs. La gestion de cette dualité est possible avec la manipulation des deux techniques: la diversité, intuitivement le nombre de copies indépendantes d'une même information qui peuvent être transmis (sur plusieurs porteuses, ou slots temporels, ou codes) et le multiplexage, intuitivement le nombre de signaux indépendants pouvant être envoyé simultanément par différents antennes.

2.1.1. Gain de diversité spatiale

Avec l'usage des antennes multiples, un gain en diversité spatiale sera possible. Plus le nombre des émetteurs est élevé, plus la probabilité d'atténuation d'un signal reçu à un instant donné sera faible. Ainsi, si les différentes versions du signal et leurs atténuations sont indépendantes, l'ordre de diversité atteinte sera le produit du nombre d'antennes émettrices, avec le nombre d'antennes réceptrices.

2.1.2. Gain du multiplexage spatial

Le système MIMO à multiplexage spatial exploite la diversité spatiale pour transmettre plusieurs flux d'information dans la même bande attribuée.

Un gain en multiplexage est également possible dans le contexte d'un système de communications MIMO. Cela requière l'envoi d'une partie de signal sur chaque antenne émettrice. Ce signal sera reçu par chacune des antennes réceptrices puis interprété pour estimer et pouvoir récupérer le signal original. Ces parties finalement décodées seront ensuite combinées afin de bien comprendre le message envoyé à l'origine.

3. Modes de transmission MIMO en LTE

Plusieurs variantes de modes de transmission MIMO peuvent exister. En effet, différents modes de transmission SU-MIMO existent y compris la diversité de transmission (Transmit Diversity : TxD), Closed Loop Spatial Multiplexing (CLSM), Open Loop Spatial Multiplexing (OLSM) avec un mode de base MU-MIMO comme il est représenté dans le tableau 3.

- **Diversité de Transmission:** ce mode de diversité d'émission, mode 2, fait usage de la totalité des antennes émettrices afin de minimiser l'effet des évanouissements dus aux trajets multiples. Il est basé sur le classique code d'Alamouti et utilise deux ou quatre antennes émettrices. Ce mode est préféré dans plusieurs situations (cas du faible SNR, cas où le feedback CSI n'est pas possible).

- **Multiplexage Spatial :** les deux modes 3 et 4 effectuent le multiplexage spatial SU-MIMO de plus de quatre Layers vers un seul UE en utilisant respectivement les techniques Open Loop et Closed Loop. Le nombre des flux transmis est déterminé à partir de la valeur RI. Par conséquent, l'UE doit tenir en compte la capacité de chaque Layer lors de la détermination de la valeur du CQI correspondante au bloc de transport TB.

  ✓ *Open Loop spatial multiplexing :* dans ce mode (mode 3) l'eNB reçoit de l'UE uniquement les deux valeurs Ri et CQI. Il est particulièrement adapté au cas où un CSI feedback avec des faibles coûts est assez difficile à cause de la grande mobilité de l'UE. Ce mode utilise un schéma de Precodage basé sur la diversité du retard cyclique CDD. Dans CDD, une série prédéfinie de matrices de Precodage est appliquée à chaque RE.

  ✓ *Closed Loop spatial multiplexing :* c'est le mode 4 et il permet d'avoir le plus haut débit possible en LTE. Par contre, il exige une connaissance fiable de l'état du canal coté émetteur CSI-T. Ce mode peut être donc considéré le plus convenant aux cas de la mobilité d'UE avec un SNR important. La différence fondamentale entre les modes 3 et 4 est la façon avec la quelle est déterminée la matrice du Precodage.

- **Modes Beamforming :** le beamforming ou la formation des faisceaux est l'utilisation de toutes les antennes émettrices pour former la direction des faisceaux transmettant les flux d'informations vers un utilisateur. En LTE, ce concept est appliqué aux modes 6 et 7.

  ✓ *Closed Loop rank-1 precoding :* ce mode (mode 6) peut être considéré comme un cas particulier du mode 4, avec une limitation du rang à un. Dans ce cas, un seul CW est transmis sur un seul Layer et le vecteur de Precodage correspondant est déterminé à partir de la valeur PMI rapportée.

- **Modes MU-MIMO :** c'est le mode 5, supporté pour la liaison descendante et basé sur le rapport d'un feedback contenant les trois valeurs PMI, CQI et RI. Ce mode est particulièrement adapté au cas d'un SNR élevé, où la puissance est partagée entre plusieurs UEs sans réduction significative du débit. Chaque UE envoie son propre vecteur de Precodage privilégié (PMI) à l'aide du dictionnaire ou code book, que dans le cas d'une transmission SU-MIMO rang-1[*19*].

4.   Modèle équivalent d'un canal MIMO

La décomposition en valeurs singulières de la matrice de canal MIMO est un outil communément utilisé pour déterminer le nombre équivalent de canaux SISO parallèles si le canal est connu côté émetteur et côté récepteur.

Partant de la matrice H du canal MIMO, la SVD *(Singular Values Decomposition)* de H permet d'obtenir l'expression suivante :

$$H = SVD(H) = UDV^H \tag{2.3}$$

Où U et V sont respectivement des matrices unitaire et diagonale.

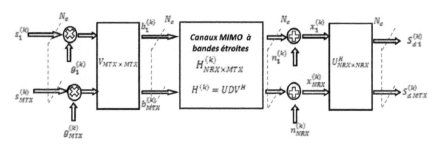

Figure 10: Décomposition en valeurs singulières

Où $g^{(k)}$ est le gain côté émetteur, $b^{(k)}$ est le signal complexe transmis, $x^{(k)}$ est le signal reçu, $S_d^{(k)}$ est le vecteur des symboles détectés. Le vecteur des symboles détectés peut s'écrire sous la forme suivante en utilisant la décomposition en valeurs entiers, comme suit [20] :

$$b^{(k)} = V^{(k)}s^{(k)} \tag{2.4}$$

$$x^{(k)} = H^{(k)}b^{(k)} + n^{(k)} \tag{2.5}$$

Or $\qquad H^{(k)} = SVD\big(H^{(k)}\big) = U^{(k)}D^{(k)}V^{(k)^H}$ $\qquad\qquad$ (2.6)

$$S_d^{(k)} = U^{(k)^H}x^{(k)} = U^{(k)^H}(H^{(k)}b^{(k)} + n^{(k)}) \tag{2.7}$$

$$S_d^{(k)} = U^{(k)^H}U^{(k)}D^{(k)}V^{(k)^H}V^{(k)}s^{(k)} + U^{(k)^H}n^{(k)} \tag{2.8}$$

Or $\qquad U^{(k)^H}U^{(k)} = I_{N_{RX}}$ et $V^{(k)^H}V^{(k)} = I_{M_{TX}}$ $\qquad\qquad$ (2.9)

Le vecteur des symboles détectés prend alors la forme suivante :

$$S_d^{(k)} = D^{(k)} s^{(k)} + U^{(k)H} n^{(k)} \tag{2.10}$$

Où D est la matrice diagonale contenant les valeurs singulières de la matrice H=$H^{(k)}$.

Ces valeurs singulières sont la racine carrée des valeurs propres non nulles de la matrice HH^H.

Pour le i^{eme} flux $S_i^{(k)}$, il est attribué à la i^{eme} sous-porteuse avec la i^{eme} valeur propre et en considérant le gain g_i côté émetteur, le i^{eme} flux détecté, $S_{d_i}^{(k)}$, peut se mettre sous la forme suivante :

$$S_{d_i}^{(k)} = \sqrt{\gamma_i^{(k)}} g_i^{(k)} s^{(k)} + n_i^{(k)} \tag{2.11}$$

Où les γ_i sont les valeurs propres.

5. La capacité d'un canal MIMO

La capacité est un concept qui a été introduit par Shannon [21] dans les années 40, et qui mesure la quantité d'information maximale par unité de temps et par bande de fréquence être transmise à travers un canal particulier. Dans les années 90, Foschini et Telatar ont prouvé que la capacité du canal MIMO croit linéairement avec le avec le minimum des antennes émettrices et réceptrices. Nous considérons un canal MIMO non sélectif en fréquence et avec des coefficients indépendants et identiquement distribués. La capacité du canal dépend de la disponibilité de l'information sur l'état du canal (CSI) à l'émetteur et au récepteur. Nous supposons maintenant qu'une parfaite CSI est disponible au niveau du récepteur, la capacité s'écrit [22] :

$$C = \max_{P_X(x)} I(X; r|H) \tag{2.12}$$

Avec $P_X(x)$ est la densité de probabilité de la variable aléatoire X .L'information mutuelle d'un canal MIMO de matrice H est égale à :

$$I(X; r|H) = \log_2 \det\left(I_{N_{RX}} + \frac{1}{\sigma_n^2} H R_X H^H\right) \tag{2.13}$$

Avec R_X est la matrice de covariance du signal d'entrée. En absence de connaissance du canal à l'émission, la structure menant aux performances optimales est celle correspondant à une dé-corrélation spatiale :

$$R_X = \frac{\sigma_X}{M_{TX}} I_{M_{TX}} \tag{2.14}$$

Ce qui implique que la solution de l'équation de l'information mutuelle est égale à :

$$C = \log_2 det\left(I_{N_{RX}} + \frac{\sigma_X}{\sigma_n^2 M_{TX}} H\ I_{M_{TX}} H^H\right) \text{ (bits /s /Hz).}$$
$$\tag{2.15}$$

Notons $\sigma = \frac{\sigma_X}{\sigma_n^2}$, l'expression de la capacité devient :

$$C = \log_2 det\left(I_{N_{RX}} + \frac{\sigma}{M_{TX}} H\ H^H\right) \text{ (bits /s /Hz).} \tag{2.16}$$

Soit $L = [\gamma_1, \gamma_2 ....\gamma_{N\ min}]^T$, le vecteur des valeurs propres non nulles, pour $(M_{TX} \times N_{RX})$ matrice H, avec $N_{min} = \min\{M_{TX}, N_{RX}\}$, l'expression de la capacité détaillée précédemment, se simplifie encore plus pour devenir :

$$C = \sum_i^{N_{min}} log_2\left(1 + \frac{\sigma}{M_{TX}} \gamma_i\right) \tag{2.17}$$

Les systèmes MIMO permettent d'augmenter la capacité d'une liaison. Ceci est possible puisque l'émetteur transmet simultanément plusieurs flux de données en utilisant ses antennes multiples. Cette technique permet d'avoir des débits plus importants sans la nécessité d'élargir la bande passante ou d'utiliser un schéma de modulation moins robustes (qui est généralement la modulation QAM).

En fonction du rapport signal sur bruit (SNR), il est possible d'estimer la vitesse maximale des bits transmis sur un support en ne dépassant pas un seuil d'erreur bien précis. Cette vitesse est connue par la capacité canal d'un système de communication. Elle permet d'exprimer le taux maximal de bit possible à transmettre tout en garantissant une faible perte de données.

Sur la figure 11 nous présentons la capacité pour différentes configurations en fonction du rapport SNR. On peut vérifier qu'elle croit linéairement avec le minimum des antennes émettrices et réceptrices et qu'elle est plus importante que le nombre de ces antennes est important (cas d'une configuration 4×4). Il est à noter qu'une connaissance de l'état du canal CSI à l'émetteur et au récepteur est avantageuse et elle permet d'augmenter notamment la capacité. Une étude de cette situation est détaillée dans la section suivante.

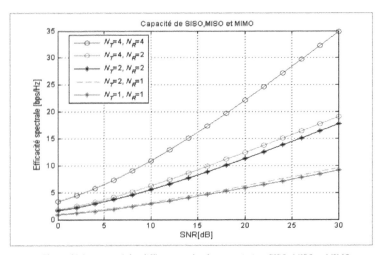

Figure 11:La capacité des différents modes de transmission SISO, MISO et MIMO

5.1. Gain de la connaissance de l'état du canal CSI_{TR}

Dans le cas d'une connaissance de l'état du canal à l'émetteur et au récepteur, la capacité optimale est la solution de algorithme d'allocation de puissance ou encore l'algorithme de water-Filling [23]. Dans le cas du water-Filling, on cherche à repartir les puissances sur les antennes dans le but d'obtenir une distribution optimale de la capacité. Cet algorithme exige une CSI à la fois à l'émetteur et au récepteur. Le principe de l'algorithme de Water-Filling est détaillé dans l'annexe A. La figure 12 représente la capacité d'une transmission MIMO simulée en fonction du SNR pour deux cas différents la connaissance ou non de l'état du canal par l'émetteur et le récepteur. Le nombre d'antennes utilisées pour cette simulation est fixé à 4 et il est identique à l'émetteur et au récepteur. Il s'avère qu'une connaissance de l'état du canal est avantageuse en assurant une augmentation de la capacité par rapport au cas d'absence de CSI à l'émetteur.

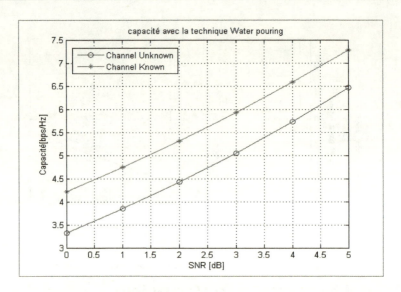

Figure 12: *La capacité avec et sans CSI_{TR}*

6. MIMO-OFDM

Les techniques multi-antennes MIMO connaissent un essor important ces dernières années. En effet, elles sont pressenties pour les futurs systèmes de téléphonie mobile en raison de leur robustesse et représentent une des techniques les plus performantes pour améliorer l'efficacité spectrale d'une communication radio. D'autre part, l'OFDM est classiquement utilisé dans les systèmes où le canal de propagation est fortement sélectif en fréquence sur la bande considérée, puisqu'elle convertit ce type de canal en un ensemble de sous- canaux parallèles non-sélectifs en fréquence par l'utilisation d'un ensemble de sous-porteuses pour transmettre les informations.

La combinaison du MIMO et de l'OFDM permet d'exploiter les avantages des deux méthodes: la robustesse de la liaison sur des canaux sélectifs en fréquence pour l'OFDM et la robustesse sur des canaux non corrélés en espace pour les MIMO.

La figure 13 présente le schéma de la chaîne de transmission du système MIMO-OFDM considérée dans ce cas d'étude.

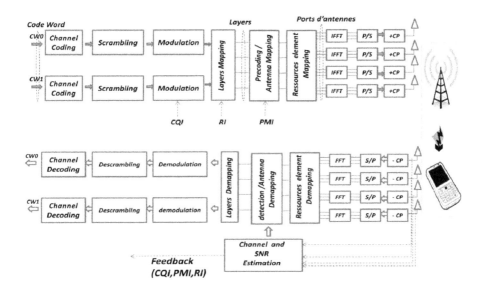

Figure 13: Une chaine de transmission MIMO-OFDM

6.1. Transmission MIMO-OFDM

La figure 13 montre une chaine de transmission d'un système MIMO-OFDM. Nous étudierons, en détails, dans cette section sa partie émettrice ainsi que ces principales fonctionnalités.

Les termes "Code Word", "Layers" et "precoding" ont été adaptés spécifiquement à LTE pour se référer aux signaux et leur traitement.Un code Word ou mot de code représente un bloc de transport TB avant qu'il ne soit modifié par la couche physique pour la transmission.

- *Transformation du Bloc de Transport (Transport Block) en des mots de codes (Code Words):* en recevant le TB de la sous couche MAC, la couche physique le transforme en un CW. Il y a un certain nombre d'étapes impliquées dans ce processus, selon la longueur du TB :
  - ✓ Ajout des 24 bits du CRC au TB. Ce CRC est utilisé pour vérifier la réussite de la transmission et application du HARQ l'envoi des ACKs.
  - ✓ Segmentation du TB en des blocs de code. Un bloc de code doit avoir une longueur comprise entre 40 et 6144 bits. Si le TB est trop grand, il est subdivisé en des blocs de plus petites longueurs, à chacun de ces blocs sont ajoutés les 24 bit du CRC.

✓ Traitement de chaque bloc de code avec un turbo-code de débit 1/3 et sélection des bits transmis par le bloc rate Matching qui est une mémoire tampon circulaire fournissant une variété de taux de codage. Ces bits sont regroupés des blocs de code résultants dans un seul CW.

- **Passage des CWs vers les Layers :** la couche physique transforme ensuite chaque CW en un symbole modulé. En effet, pour chaque CW, elle doit :

✓ Embrouiller les bits codés en des CW en utilisant un code d'embrouillage qui sert à récupérer la diversité par trajets multiples et séparer les différents utilisateurs.

✓ Convertir la séquence des bits en des symboles modulés correspondants (QPSK, 16QAM, 64QAM) et assigner les symboles de modulation à un ou plusieurs layer, selon le schéma de transmission utilisé. (single antenna, Transmit Diversity, Spatial Multiplexing).

6.2. Canal de transmission

Le milieu de propagation peut affecter largement la performance et la fiabilité des systèmes de communication sans fil. Il est alors impératif de savoir et comprendre ce qui se passe dans le canal de sorte que le signal original soit récupéré et reconstruit avec une faible probabilité d'erreurs possible. Un canal radio mobile est caractérisé par des trajets multiples entre l'émetteur et le récepteur, et ses deux caractéristiques les plus importantes sont la sélectivité fréquentielle et la sélectivité temporelle.

La sélectivité en temps a pour origine le déplacement et le mouvement du récepteur ou de l'émetteur et est caractérisée par le temps de cohérence du canal, intervalle de temps pendant lequel les fluctuations du canal sont fortement corrélées.

Un canal à trajets multiples présente une réponse fréquentielle comportant des évanouissements dus aux échos et réflexions du signal transmis par les obstacles qui se trouvent dans l'environnement de transmission. Le canal est dit sélectif en fréquence si sa réponse n'est pas parfaitement plate. D'autre part, lorsque les symboles sont transmis successivement dans un canal sélectif en fréquence, il en résulte des interférences entre les symboles adjacents. Pour corriger ce problème, l'idée a été de répartir l'information sur un grand nombre de sous-porteuses, créant ainsi des sous-canaux très étroits non-sélectif en fréquence. Dans le cas d'existence d'un évanouissement dans la bande utilisée, il n'affectera pas la totalité des canaux, mais certaines frequences ce qui favorise le choix et l'utilisation des systèmes multi-porteuses OFDM.Le signal émis par un utilisateur arrive au récepteur avec plusieurs réflexions et diffractions dues aux obstacles rencontrés. Au récepteur, plusieurs versions du signal émis sont récupérées avec des retards et des variations des amplitudes et des phases. Nous étudierons dans la suite des exemples des deux modèles de canaux utilisés dans ce document pour tester les performances d'une chaine de transmission MIMO-OFDM

✓ Canal Vehicular A(VehA) : c'est un canal à grande mémoire possédant plusieurs évanouissements. Il s'agit d'une modélisation assez fiable du canal de transmission dans un milieu urbain.

✓ Canal Pedestrian A(PedA) : le canal Pedestrian A est assez plat. Le choix de ces canaux est lié à leur proximité avec le canal réel de transmission dans un environnement urbain.

6.3. Réception MIMO-OFDM

Il existe de nombreux algorithmes de réception envisageables pour la récupération des symboles lors d'une transmission multi-antennes. Le moins complexe est le récepteur linéaire basé sur le critère de forçage à zéro (ZF) ou SSD (Soft-Sphere-Detection).

6.3.1. Détection

Il existe différentes techniques de détection MIMO. Le choix d'une technique repose sur deux critères : la performance doit être la moins dégradée possible par rapport à une détection optimale en termes de taux d'erreurs et la mise en œuvre doit être la moins complexe possible.

La détection peut être optimisée selon différents critères: inversion du canal (ZF - Zero-Forcing) ou SSD (Soft-Sphere-Detection). Nous citons dans la suite des exemples de détecteurs qui seront utilisés dans la suite.

6.3.1.1. Zéro Forcing ZF

Le récepteur basé sur le critère de forçage à zéro est le récepteur linéaire qui peut être considéré le plus simple puisqu'il est basé sur une simple inversion de la matrice de canal et, en général, le moins performant. Supposant que H est inversible, le vecteur de symboles estimés de taille $n_T \times 1$ est alors donné par la relation:

$$\hat{s} = H^{-1}y \qquad (2.18)$$

Le récepteur ZF sépare ainsi parfaitement les symboles $(s_i)_{i=1...n_T}$ transmis dans le même canal. La facilité de décodage de l'information dépend principalement de l'invisibilité de la matrice. En pratique, si H n'est pas carrée (*i.e.* si $n_T \neq n_R$) dans ce cas, le vecteur estimé s'écrit comme suit [31]:

$$\hat{s} = (H^H H)^{-1} H^H y \qquad (2.19)$$

6.3.1.2. Décodage par sphère (SSD Soft Sphere Decoding)

Dans sa forme originale, l'algorithme de réception SSD peut être utilisé pour trouver le vecteur des symboles transmis avec la plus petite distance euclidienne au signal reçu.

La résolution de ce critère devient assez difficile avec une grande constellation et un grand nombre d'antennes émettrices. Par conséquent, au lieu de chercher l'ensemble de toutes les combinaisons d'un ensemble Ω, le récepteur SD résout ce problème en se limitant uniquement aux points ou aux combinaisons qui se trouvent à l'intérieur d'une sphère de rayon d, centrée autour du vecteur reçu y. Ce qui ramène la solution sous la forme suivante [26]:

$$\widehat{s_{SD}} = \arg \min_{s \in \Omega^{Nt}} \| y - Hs \|^2 < d^2 \qquad (2.20)$$

6.3.2. Estimation du canal

Dans les communications sans fils, le canal est beaucoup plus imprévisible qu'un canal filaire à cause d'un ensemble de perturbations pouvant exister et avoir lieu tels que les trajets multiples, le décalage (offset) fréquentiel, et le bruit. Ceci donne naissance à des distorsions aléatoires du signal pendant qu'il traverse le canal. Ces distorsions changent avec le temps. Le but de l'estimation du canal est d'essayer de suivre les variations de la réponse du canal avec l'envoi périodique des symboles pilotes connus, ce qui permet de caractériser la réponse du canal à ce moment-là.

La réponse impulsionnelle du canal peut être estimée en utilisant l'un des critères suivants : estimation à moindre carrée LS (Least Square) qui est la plus simple ou la minimisation de l'erreur quadratique moyenne MMSE (Minimum Mean Square Error).

6.3.2.1. Méthode des Moindres carrées (LS : Least Squares)

La méthode des moindres carrés permet de comparer des données expérimentales, généralement entachées d'erreur de mesures, à un modèle mathématique censé décrire ces données.

L'estimateur de canal à moindres carrés LS est le modèle le plus simple puisqu'il consiste en une minimisation de la fonction coût. Au récepteur, le signal reçu est écrit sous la forme suivante :

$$y = Hx + n \tag{2.21}$$

Où H est la matrice du canal qu'on cherche à estimer leurs coefficients, étant donnée les deux paramètres y et x . L'estimateur LS détermine les $h_{i,j}$ qui minimisent la fonction coût [27]:

$$J_{LS} = \mathrm{E}\|(y - Hx)^H(y - Hx)\| \tag{2.22}$$

6.3.2.2. Minimisation de l'erreur quadratique moyenne (MMSE: Minimum Mean Square Error)

Le terme MMSE réfère spécifiquement à une estimation basée sur la minimisation de l'erreur quadratique minimale.

Soit un système MIMO avec N_T antennes émettrices et N_R antennes réceptrices. La relation entre le signal reçu et les séquences d'apprentissage est données par :

$$Y = HP + V \tag{2.23}$$

Avec H est une ($N_T \times N_R$) matrice du canal, V est le vecteur bruit et P est une matrice représentant la séquence d'apprentissage. L'objectif est d'estimer la matrice complexe H avec connaissance du signal reçu Y et les séquences d'apprentissage P. La matrice du canal peut être estimée en utilisant la méthode de minimisation de l'erreur quadratique moyenne:

$$\widehat{H_{MMSE}} = \frac{\rho}{N_T} Y P^H (R_H^{-1} + \frac{\rho}{N_T} P P^H)^{-1} \tag{2.24}$$

Avec ρ est le rapport signal sur bruit et R_H est la matrice d'auto-corrélation du canal qui peut, en utilisant la décomposition en des valeurs propres, se mettre sous la forme suivante :

$$R_H = Q \Lambda Q^H \tag{2.25}$$

Q est une matrice unitaire des vecteurs propres et Λ est une matrice diagonale avec des valeurs propres positives.

Donc les coefficients de H à estimer sont les valeurs qui minimisent l'erreur [28] :

$$J_{MMSE} = \mathrm{E}\left\{ \left\| H - \widehat{H_{MMSE}} \right\|^2 \right\} \tag{2.26}$$

7. LTE Uplink feedback

La connaissance de l'état du canal (CSI) est fréquente au niveau du récepteur. En général elle est nécessaire pour démoduler les symboles reçus, et elle peut être obtenue à l'aide de symboles d'apprentissage. La CSI au niveau de l'émetteur est moins courante, et si elle est disponible, elle peut être présentée dans deux cas :

- Si un feedback existe pour que le récepteur rapporte à l'émetteur son estimation du canal (ou certains paramètres clés).
- Lorsque l'émetteur et le récepteur fonctionnent en duplex à division temporelle TDD. La réciprocité du canal est exploitée pour que le récepteur communique à l'émetteur toutes les informations utiles.

En LTE, l'UE peut envoyer trois types d'informations en Uplink:

- CQI: Channel Quality Indicator ou indicateur de la qualité du canal.
- RI: Rank Indicator ou indicateur du rang de la transmission.
- PMI: Precoding Matrix Indicator

CQI fournit des informations à l'eNodeB sur les paramètres d'adaptation de la liaison (en tenant compte du mode de transmission, le type du récepteur, le nombre d'antennes…).

CQI est définie comme étant une table contenant 16 entrées qui représentent les types de modulations et de codage MCS, comme il est présenté dans le tableau 5.

Le feedback envoyé à l'eNodeB contient l'indice du CQI le plus élevé qui correspond à la modulation et au codage MCS les plus convenables, qui peuvent être appliqués à la ressource de transport TB et permettent d'avoir une valeur du BLER ne dépassant pas 10 %.

L'indicateur du Rang (RI) est la valeur envoyée par l'UE pour designer le nombre des flux supportés par le canal de transmission. RI est rapporté uniquement quand l'UE opère dans les modes MIMO avec le multiplexage spatial (les modes de transmission 3 et 4 qui sont respectivement OLSM et CLSM) et ne dépassant pas 4 flux.

L'indice de la matrice du Precodage PMI fournit des informations sur la matrice de Precodage W_i sélectionnée d'un code book et il est aussi adéquat uniquement pour MIMO Closed Loop. Le feedback PMI est limité aux modes de transmission 4, 5 et 6. Dans le cas de deux ports d'antenne, il y a six matrices de Precodage, tandis qu'avec quatre ports d'antenne le nombre total est jusqu'à 64 selon la valeur du RI et la capacité du terminal. [30]

Tableau 3: La table des valeurs du CQI

CQI index	Modulation	Coding rate	Efficiency (Bits / ressources

			elements)
0	Out of range		
1	QPSK	0.0761	0.1523
2	QPSK	0.1171	0.2344
3	QPSK	0.1884	0.3770
4	QPSK	0.3007	0.6016
5	QPSK	0.4384	0.8770
6	QPSK	0.5878	1.1758
7	16QAM	0.3691	1.4766
8	16QAM	0.4785	1.9141
9	16QAM	0.6015	2.4063
10	64QAM	0.4550	2.7305
11	64QAM	0.5537	3.3223
12	64QAM	0.6503	3.9023
13	64QAM	0.7539	4.5234
14	64QAM	0.8525	5.1152
15	64QAM	0.9257	5.5547

8. Les signaux de référence (RS : Refrence Signals)

Pour déterminer les caractéristiques d'un canal, l'UE doit effectuer une estimation de canal propre à chaque port d'antenne. A cet effet, des signaux de référence spécifiques et adaptés à l'estimation de chaque canal (signaux pilotes) sont définis dans la norme LTE par port d'antenne.

La structure des signaux de référence d'une liaison descendante est importante pour l'estimation du canal. Ils définissent la structure de base des signaux pour la transmission à 1 antenne, à 2 antennes et à 4 antennes. Des éléments de ressource prédéfinis spécifiques dans le domaine fréquentiel et temporel, transportent les séquences des signaux de références pour des cellules spécifiques. À l'intérieur de chaque trame, les symboles de référence sont positionnés dans le 1er et le 5eme symbole OFDM pour un CP normal. La figure 14 représente la distribution des signaux de référence pour la structure de deux antennes émettrices.

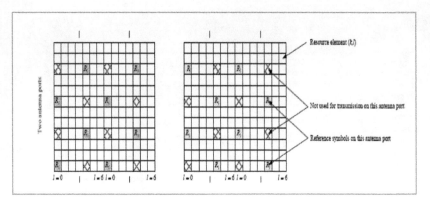

Figure 14:La distribution des signaux de référence dans une liaison descendante

9. Conclusion

Depuis quelques années, les systèmes multi-antennes connaissent un essor extrêmement important et le nombre d'études sur le sujet suit une courbe quasiment exponentielle. Nous avons essayé dans ce chapitre de proposer une vue d'ensemble du domaine, en se basant principalement sur l'architectures d'une liaison descendante MIMO-OFDM.

Nous nous sommes focalisés sur les caractéristiques principales de ces systèmes MIMO. Nous avons expliqué les avantages de sa combinaison avec OFDM ainsi que la raison de leur succès en cherchant à optimiser la capacité et en montrant qu'elle pouvait croître linéairement avec le nombre d'antennes émettrices n_T et la connaissance du canal de transmission à l'émission et à la réception.

Les antennes réceptrices reçoivent un mélange des différentes informations provenant de toutes les antennes émettrices. Nous avons donc présenté plusieurs algorithmes permettant de séparer les signaux et de récupérer l'information initiale. Les critères basés sur le forçage à zéro et la minimisation de l'erreur quadratique moyenne ont été passés en revue.

Nous avons pu présenter quelques techniques très connues qui seront par la suite utilisées dans nos travaux de recherche

CHAPITRE ————————————————

3 INTERFACES, SIMULATIONS ET RÉSULTATS

Interfaces, Simulations et Résultats

1. Introduction

Afin de valider les résultats des analyses précédentes, nous nous intéresserons dans ce chapitre, aux tests et à l'optimisation de la combinaison de toutes les techniques analysées et étudiées précédemment. Dans ce chapitre nous présenterons également les différentes interfaces développées du simulateur ainsi que les résultats des scenarios de simulations.

2. GUI Matlab

GUIDE ou Graphical User Interface Developpent Environnent est un outil pour le développement des interfaces graphiques avec Matlab. Une interface graphique utilise des entrées de texte, des buttons, des listes de choix pour rendre l'utilisation de Matlab plus conviviale. Cette section illustre quelques imprimes-écrans pour chaque interface graphique.

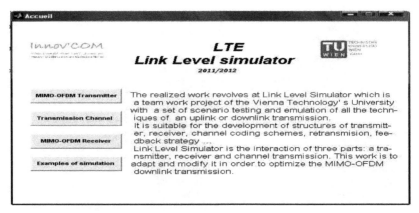

Figure 15: Interface d'accueil du simulateur

Cette interface représente l'interface d'accueil du simulateur, elle permet d'accéder aux autres interfaces et aux codes Matlab des diverses techniques citées dans les deux chapitres précédents.

Link Level Simulator est composé de trois parties, l'émetteur, le récepteur et le canal de propagation.

Les interfaces ci-dessous représentent les trois blocs. Chaque bloc est un ensemble de fonctions contribuant ensemble afin de pouvoir valider et bien évaluer les performances d'une liaison MIMO-OFDM.

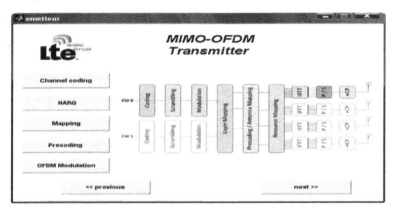

Figure 16: Interface Emetteur

La figure 17 représente l'interface du canal de transmission. A travers cette interface tout utilisateur peut visualiser le PDP du modèle de canal choisi ainsi que sa matrice.

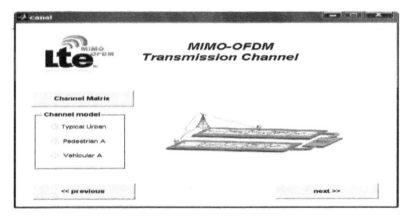

Figure 17: Interface Canal de transmission

Un récepteur MIMO-OFDM est un ensemble de fonctions dont les plus importantes sont la détection, le décodage, l'estimation du canal et le feedback. Via cette interface, il est possible d'accéder aux différents codes.

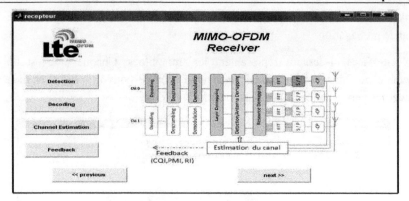

Figure 18: Interface Récepteur

Tout utilisateur peut tester maints scenarios de communications et valider les diverses techniques appliquées à travers l'interface ci-dessus.

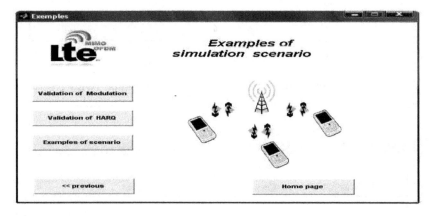

Figure 19: Interface de tests

3. Simulations et résultats

La simulation simultanée de tous les processus dans une communication sans fils est une tâches difficile et nécessite l'utilisation de deux catégories de simulateurs : un au niveau de la liaison (Link Level simulator) et un au niveau du système (System Level simulator). Link Level simulator, qui représente notre cas d'étude, est un ensemble des codes Matlab permettant de fixer tous les paramètres intervenant dans une communication entre un émetteur et un récepteur pour décrire les performances des couches basses, alors que System Level simulator prend en charge l'ordonnancement, la planification et la configuration des cellules. Les deux simulateurs interagissent ensemble via une table de paramètres (SNR, SINR, BLER, MCS...).La figure 21 présente la relation entre les deux simulateurs :

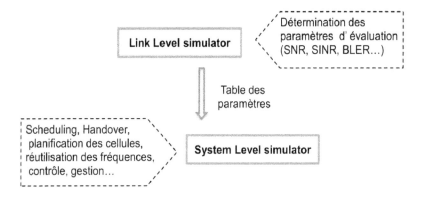

Figure 20:La relation entre Link Level simulator et System Level simulator

3.1. Link Level Simulator

LTE Link Level Simulator est un projet de travail de collaboration d'équipes de l'université d'Aalborg et Nokia Siemens Networks. La plupart des codes est écrites en Matlab, mais certains calculs qui ne peuvent pas être exécutés assez rapide en Matlab sont recodés en C pour une meilleure efficacité et testés avec Matlab via les fichiers exécutables (MEX files). La validation des différents scenarios du simulateur sont prévus dans la section suivante.

Ce simulateur est adapté pour le développement des structures d'émetteur, du récepteur, du canal, des schémas de codage et de la stratégie du feedback. Link Level Simulator (LLS) peut être vu comme étant une interaction des trois parties : une partie émettrice, une partie réceptrice et un canal de propagation (*cf.* Figure 22).

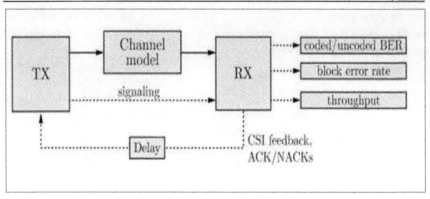

Figure 21: Structure générale du Link Level Simulator [32]

Link Level Simulator détermine le taux des blocs erronés BLER et le débit .En effet, avec l'initialisation des paramètres, la longueur de la simulation est fixée et pour chaque valeur du SNR, tous les subframes sont simulés. Lors de la simulation une vérification du mode est nécessaire, pour savoir s'il ya retour d'un feedback ou il s'agit d'une simple simulation. Plusieurs modes ont été testés dont les plus important sont CLSM, TxD et SISO. Les paramètres utilisés dans la simulation sont explicités dans la section suivante. La figure représente l'organigramme du simulateur.

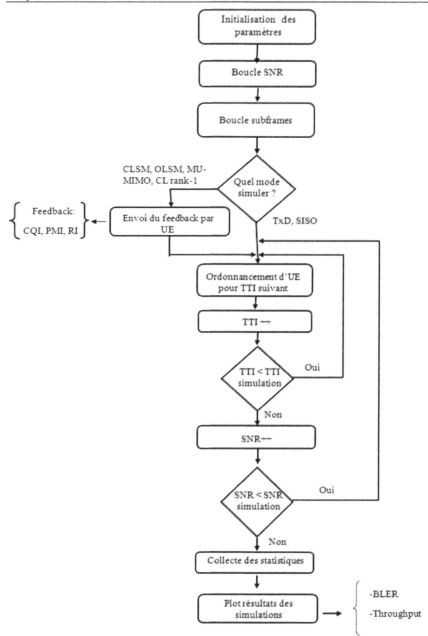

***Figure 22:** Organigramme du Link Level simulator*

3.2.   Paramètres et simulations

Pour les simulations présentées dans cette section, il a été assumé l'évaluation d'une configuration MIMO 2×2, 4×2, une configuration 4×4 et une configuration SISO. Plusieurs modes de simulations ont été utilisés, nous traitons uniquement le mode 1(single) pour la configuration SISO et les modes 2 et 4 pour les autres configurations des antennes, qui sont respectivement TxD et CLSM.

Les modèles des canaux utilisés sont PedA et VehA, deux modèles des canaux réels caractérisés par un évanouissement avec une certaine mobilité du récepteur de 3Km/h.

La propagation par multi-trajets engendre des variations rapides au niveau de la puissance du signal reçu pour une position donnée. Si on suppose que le canal est invariant et stationnaire durant un TTI, on peut alors définir le profil des retards pour ce point en effectuant une moyenne à partir de M réponses impulsionnelles mesurées successivement dans cette zone.

Les figures 23 et 24 ci-dessous représentent le profil des retards de puissance pour les deux canaux utilisés PedA et VehA.

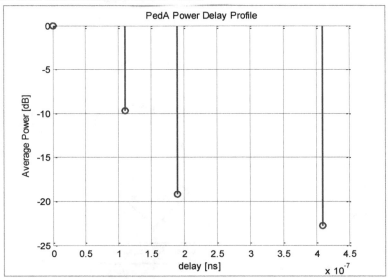

Figure 23: PDP d'un canal PedA

VehA est un canal à grande mémoire possédant plusieurs évanouissements, il s'agit d'une modélisation assez fiable du canal de transmission dans un milieu urbain.

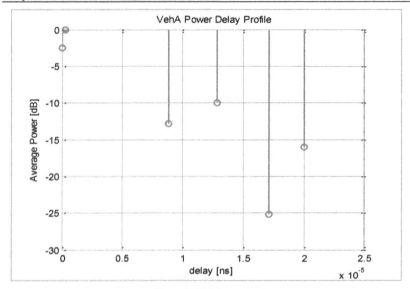

Figure 24:PDP du canal VehA

Le tableau ci-dessous représente tous les paramètres de simulations utilisés dans ce chapitre.

Tableau 4: Les paramètres de simulations

Paramètres	Valeurs
Bande du canal (MHz)	5
Nombre Max des RBs	25
Mode de duplexage	FDD
Modèle du Canal	PedA
Schema du Codage	Turbo code avec R=1/3
Modulation	16-QAM
Période de trame	10 ms
Espacement entre les sous-	15 kHz

porteuses	
Préfixe Cyclique	Normal
Mode MIMO	TxD 2x2,OLSM 4x2, CLSM 4x4 et SISO
Nombre de retransmission HARQ	3
Longueur FFT	512

3.3.   Validation des canaux multiples MIMO hybrides

Nous avons vu dans les chapitres précédents que le choix d'un ensemble des techniques est directement lié à la qualité et au débit effectif d'une transmission. Le but de ce paragraphe est de tester ces techniques pour montrer leurs efficacités dans une transmission MIMO-OFDM.

MIMO peut être utilisé pour apporter des améliorations à la fois à la robustesse du canal et au débit de transmission. Pour pouvoir bénéficier pleinement de MIMO, il est nécessaire d'être en mesure d'utiliser un codage canal pour séparer les données des différents chemins, une modulation bien adaptée aux conditions de transmission, une retransmission pour résoudre le problème de la perte des données transmises.

3.3.1.   Validation du turbo codage et la modulation

Le turbo codage est une des technique de codage la plus intéressante. Quant à l'algorithme de décodage, nous sélectionnons l'algorithme « Max-Log-MAP » beaucoup moins complexe que l'algorithme « MAP ».En effet, vue la difficulté de calculs et la complexité imposées notamment par les opérations exponentielles, la multiplicité, les divisions, le décodage selon le critère MAP est difficile à intégrer. En faisant un compromis entre les performances et la complexité, une version simplifiée permettant notamment de diminuer la complexité matérielle est donnée sous le nom de Max-Log-MAP.

Pour la transmission en liaison descendante, l'eNB décide, en fonction du feedback CQI rapporté par l'UE, quel schéma de modulation et de codage il faut utiliser.MCS est constante pour les blocs de ressources allouées à un utilisateur donné. Cependant, les différents utilisateurs peuvent avoir une modulation différente. La variation du BLER en fonction du SNR pour différents débits de codage et modulation pour une transmission   est illustrée dans la figure ci-dessous.

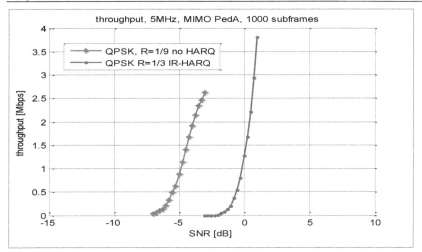

Figure 25: Le BLER avec différents MCS

3.3.2. Validation de HARQ

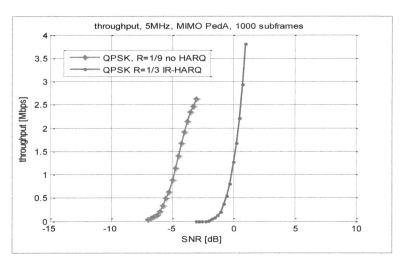

Figure 26: Le débit avec et sans HARQ

L'optimisation de tout système de communication fait face à un ensemble de paramètres. En effet pour s'assurer de l'efficacité et de la fiabilité, il faut s'attarder principalement à diminuer le BLER.

La HARQ est une technique utilisée pour résoudre les problèmes de transmissions erronées. En effet, et comme il a été déjà étudié HARQ combine l'ARQ (qui est une méthode de contrôle d'erreurs en se basant sur la réception des acquittements) et le FEC.

La minimisation des erreurs nécessite l'utilisation d'un ensemble de techniques dont la plus importante est le processus de retransmission. La figure 26 représente l'impact de l'utilisation de la HARQ sur l'efficacité spectrale et le BLER. Avec IR-HARQ, dans lequel chaque retransmission transporte une redondance supplémentaire, apporte une amélioration de débit

Nous représentons des exemples de simulations sur la base des paramètres et des scenarios cités précédemment.

3.3.2.1. Le débit

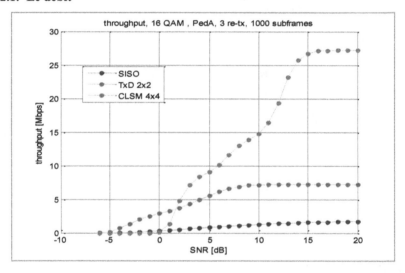

Figure 27:Throughput, 16 QAM et PedA pour 3 retransmissions

3.3.2.2. BLER (BLock Error Rate)

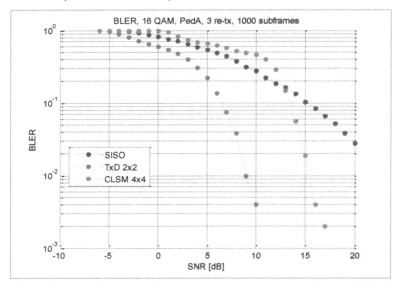

Figure 28:BLER, 16 QAM et PedA pour 3 retransmissions

À cause du bruit de canal, les interférences, la distorsion…, les blocs des bits correctement reçus sont inférieurs à ceux qui sont transmis. C'est le rapport des blocs erronés sur le nombre total de ceux transférés connu sous le nom le taux des blocs erronés BLER (BLock Error Rate).La figure 28 représente le BLER avec l'utilisation d'une modulation 16 QAM, un canal PedA et différents modes de transmission MIMO ainsi qu'une configuration SISO. La diversité de transmission (TxD) cherche principalement à améliorer la qualité du lien de transmission sans aucune augmentation de débit. En effet, l'émission de plusieurs copies de l'information transmise augmente la probabilité d'une réception (au moins une copie) correcte et efficace.

3.3.3. Validation des estimateurs

La fiabilité et la qualité des données transmises sont directement liées aux variations et changement des conditions de transmission. D'où la nécessité d'un estimateur du canal dont sa mission principale est de donner une valeur estimative du SNR. La figure 29 représente l'erreur quadratique moyenne des deux estimateurs utilisés dans notre cas d'étude LS et MMSE. LS est l'estimateur le plus simple avec un écart de 0.05 avec l'estimateur MMSE pour une valeur de SNR= 10dB.

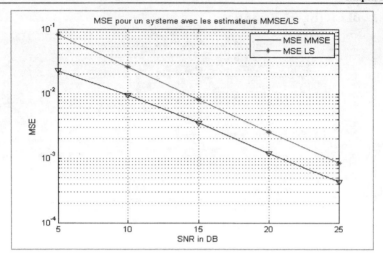

Figure 29:MSE pour les estimateurs MMSE et LS

4. Conclusion

Ce chapitre a donné un aperçu général du simulateur et des techniques utilisées. Nous avons présentés les différentes interfaces du simulateur ainsi que les résultats des simulations effectuées afin de valider les techniques analysées dans les chapitres précédents.

Les courbes obtenues nous ont montré que l'utilisation de plusieurs antennes émettrices et réceptrices, l'adaptation du lien, le codage et la HARQ permettrait d'améliorer la performance de la transmission, le débit et la couverture.

On peut également envisager d'améliorer le taux d'erreur en incluant dans l'émetteur un codage et/ou un entrelacement, d'adaptation du lien et une technique de retransmission qui permettrait à l'information de mieux résister aux perturbations de canal, ces techniques ont été exploitées pour des transmissions MIMO-OFDM.

Conclusion et perspectives

Avec les exigences grandissant des services de télécommunications sans fil à grande vitesse, à grande fiabilité et des communications avec le minimum d'interférences ou de perte, MIMO-OFDM a suscité des intérêts croissants en raison de sa performance d'améliorer le débit, sa robustesse aux évanouissements par trajets multiples et sa capacité de réaliser une efficacité élevée de transmission. L'adoption de MIMO et de l'OFDM dans plusieurs standards pour les systèmes sans fil actuels et futurs peut être justifiée par les excellentes performances de cette combinaison. Une courte description de notre travail est présentée dans ce qui suit.

Pour tout système MIMO-OFDM, la capacité, la couverture, le débit et le taux d'erreur sont principalement liées aux nombre d'antennes utilisé et des techniques appliquées

La capacité des systèmes MIMO augmente linéairement avec le minimum du nombre d'antennes d'émission et de réception. Cette capacité est réaliste sous certaines conditions de propagation. En effet, afin d'atteindre une capacité maximale ou une diversité maximale avec

ces techniques d'émission, il est nécessaire d'avoir une décorrelation entre les différents sous-canaux d'émission et de réception et les différentes antennes émettrices et réceptrices. Nous avons expliqué dans ce travail que toutes les techniques MIMO peuvent être coopérées ensemble pour former un système hybride permettant d'atteindre l'optimum d'une liaison en termes de débit, capacité et taux d'erreurs.

Le premier chapitre de ce rapport décrit donc une analyse complète du contexte général de notre travail. Nous avons notamment porté l'accent sur les particularités de la nouvelle génération LTE et ses objectifs. Une étude explicite des différentes astuces et les techniques utilisées dans la sous-couche MAC et la couche physique a été proposée.

Nous avons ainsi pu voir qu'une adaptation du lien en cherchant à harmoniser le débit de codage ainsi que le schéma de modulation avec les conditions de transmission sur le canal s'avère une technique assez avantageuse et utile.

Dans un deuxième chapitre, nous nous sommes intéressés à la technique multi antennes, ses différents modes ainsi que ses gains. De plus, un algorithme d'allocation de puissance, le water-pouring utilisé en MIMO a été exposé, dans le but d'optimiser la distribution de la puissance sur les sous-chaines. Différentes méthodes de détection et d'estimation du canal ont été testées et nous avons montré qu'une information rapportée à l'eNB peut efficacement améliorer le débit et le taux des blocs d'erreurs.

Dans le dernier chapitre, les techniques utilisées sont testée en présence des canaux sélectifs en fréquences, une mobilité de l'UE et un certain nombre d'antennes.

Quant aux perspectives de ces recherches, des mesures complémentaires de l'adaptation du lien et d'ordonnancement seraient à mener pour aborder l'aspect "qualité de service". De plus, l'optimisation réalisée dans ce mémoire a été faite avec un duplexage fréquentiel, une étude du duplexage temporel TDD pourrait être envisagée.

Un point qui n'a pas non plus été traité dans ce mémoire concerne l'aspect multi-émetteur en testant une communication sur plusieurs cellules. Il serait donc intéressant d'étudier les potentialités d'une telle transmission pour un grand nombre d'eNB et optimiser la fiabilité du codage, HARQ, adaptation du lien...

Bibliographies

[1]. J Colom Ikuno, M Wrulich, M Rupp, "*Performance and modeling of LTE H-ARQ*". Institute of Communications and Radio-Frequency Engineering, Vienna University of Technology, Austria , Gusshausstrasse 25/389, A-1040 Vienna. EURASIP, Berlin, 2009

[2]. T. Burzanowski, "LTE Multicodeword-MIMO: Hybrid-ARQ Perfomance Studies" Master's Thesis . Aalto Universtiy , Espoo, December 3, 2010.

[3].C.Leung, R.Kwan, SeppoHamalainen, andWenboWang, "*LTE/LTE-Advanced Cellular Communication Networks*". Journal of Electrical and Computer Engineering.

[4].3GPP TS 36.201 V8.2.0 (2008-12), "*LTE Physical Layer - General Description (Release 8)*". URL:http://www.3gpp.org.

[5].3GPP TS 36.213 V8.5.0 (2008-12), "*Evolved Universal Terrestrial Radio Access (E-UTRA) Physical layer procedure (Release 8)*".

[6].3GPP TS 36.101 V8.4.0 (2008-12), "*Evolved Universal Terrestrial Radio Access (E-UTRA); User Equipment (UE) radio transmission and reception*".

[7].3GPP TS 36.300 V8.7.0 (2008-12), "*Evolved Universal Terrestrial Radio Access (E-UTRA) and Evolved Universal Terrestrial Radio Access Network (E-UTRAN)*; Overall description; Stage 2*".

[8].M. Baker, Alcatel-Lucent, "*LTE-Advanced Physical Layer*". IMT-Advanced Evaluation Workshop 17 – 18 December, 2009, Beijing

[9].L. Deneirc. P. Vandenamcclc, L. V. D. Perre, B. Gysclinckx et M. Engels, "*A Low Complexity ML Channel Estimator for OFDM* ". IEEE Transactions on Communications, Vol. 51, No. 2. février 2003

[10].T. Pollet, M. van Bladel et M. Moeneclacy, " *BER Sensitivity of OFDM Systems t o Carrier Frequency Offset and Wiener Phase Noise*", IEEE Transactions on Communications, Vol. 43, No. 2 / 3 / 4 , pp. 187-190, février/mars/avril 1995.

[11]. S. Sesia , I. Toufik, M. Baker, "LTE The UMTS Long Term Evolution from theory to practice",2009 John Wiley & Sons Ltd.

[12].Hyung G. Myung , "*peak-to-average power ratio of single carrier FDMA signals with pulse shaping*". Department of Electrical and Computer Engineering, Polytechnic University MetroTech Center, Brooklyn, NY 11201

[13]. K. CAVALEC-AMIS. "*Optimisation des Turbo Codes pour les systèmes à grande efficacité spectrale*". PhD thesis, Université de Rennes 1, Département Signal et Communications, ENST Bretagne, Décembre 2001.

[14]. A. J. Goldsmith and S.-G. Chua, "Adaptive Coded Modulation for Fading Channels", *IEEE Transactions on Communications*, vol. 46, no. 5, pp. 595–602, May 1998.

[15]. F. Davide Calabrese. "Scheduling and Link Adaptation for Uplink SC-FDMA Systems A LTE Case Study". PhD Thesis, the Faculty of Engineering, Science and Medicine of Aalborg University, Aalborg, Denmark, April 2009

[16]. G. J. Foschini and M. J. Gans. "On *limits of wireless communications in a fading environment when using multiple antennas*". *Wireless Personal Communications*, 6(3):311–335, march 1998.

[17]. I. E. Telatar. " *Capacity of multi-antenna Gaussian channels*". *European Transactions on Telecommunications*, 10(6):585–595, 1999.

[18] . A.Sibille, C.Oestges and A.Zanella, "*MIMO from theory to implementation*".

[20]. M.Ajaybabu, P.Satyanarayanan, Dr. S. Sri Gowri, "*Channel Capacity of MIMO with CSI available at the Transmitter*".(IJAEST) International Journal of Advanced Engineering Sciences and Technologies. Vol No. 10, Issue No. 1, 088 – 091

[21].G. Tsoulos, *"MIMO system technology for wireless communication"*. 2006

[22]. C. E. SHANNON, "A Mathematical Theory of Communication".

[23].I. E. Telatar. " *Capacity of multi-antenna Gaussian channels"*. *European Transactions on Telecommunications*, 1999.

[24].3GPP TS 36.212, "Evolved Universal Terrestrial Radio Access (EUTRA); physical channels and modulations", Multiplexing and Channel Coding (Release 8)

[25].3GPP TS 36.300, "Evolved Universal Terrestrial Radio Access (EUTRA); Overall Description". (Release 8)

[26]. C. Studer, M. Wenk, A. Burg and H. Bölcskei ,"Soft-Output Sphere Decoding: Performance and Implementation Aspects".

[27] .J. J. Van de Beek, O. Edfors, M. Sandell, S. K. Wilson et O. P. Borjesson, " *On Channel Estimation in OFDM Systems"*, IEEE Vehicular Technology Conférence, Vol. 2, pp. 815-819. juillet 1995.

[28]. Xia Liu, Shiyang Lu, Marek E. Bialkowski and Hon Tat Hui , " *MMSE Channel Estimation for MIMO System with Receiver Equipped with a Circular Array Antenna"*. School of Information Technology and Electrical Engineering University of Queensland.

[29]. A. Sibille, C. Oestges and A. Zanella, *"MIMO from theory to implementation"*.

[30]. A.Sibille, C.Oestges and A. Zanella, *"MIMO from theory to implementation"*.

[31]. C. Mehlfuhrer, JC. Ikuno, M. Simko, S.Schwarz, M. Wrulich, and M. Rupp, "The Vienna LTE Simulators Enabling Reproducibility in Wireless Communications Research". URL:http://www.nt.tuwien.ac.at

[32]. O. BERDER,Thèse, *"Optimisation et stratégies d'allocation de puissance des systèmes de transmission multi-antennes"*, LEST - UMR CNRS 6165, 2002

ANNEXES

Precodage et mappage sur les couches

Le mappage des mots de codes sur les couches est une étape importante dans une chaine MIMO, permettant la correspondance et la répartition des symboles modulés sur les différentes couches. En effet, les symboles modulés $d^q(0), d^q(1), ..., d^q(M_{symb}^q - 1)$ de chaque mot de codes, générés du bloc de modulation sont ensuite mappés sur les différentes couches $x(i) = [x^0(i), x^0(i), ..., x^0(n-1)]^T, i = 0,1,2, ..., M_{symb}^{layer} - 1$, avec M_{symb}^{layer} sont les symboles modulés par couches et n est le nombre des couches.

Dans le cas d'une transmission sur un seul port d'antennes, le mappage des couches est come suit :

$$x^0(i) = d^0(i) \text{ avec } M_{symb}^{layer} = M_{symb}^0$$

Exemple de mappage des mots de codes sur les couches dans le cas d'un multiplexage spatial :

Tableau 1: le mappage des mots de codes dans le cas d'un multiplexage spatial

Number of layer	Number of code words	Codeword-to-layer mapping $i = 0,1,2, ..., M_{symb}^{layer} - 1$	
1	1	$x^{(0)}(i) = d^{(0)}(i)$	$M_{symb}^{layer} = M_{symb}^{(0)}$
2	2	$x^{(0)}(i) = d^{(0)}(i)$ $x^{(1)}(i) = d^{(1)}(i)$	$M_{symb}^{layer} = M_{symb}^{(0)} = M_{symb}^{(1)}$
2	1	$x^{(0)}(i) = d^{(0)}(2i)$ $x^{(1)}(i) = d^{(0)}(2i+1)$	$M_{symb}^{layer} = M_{symb}^{(0)}/2$
3	2	$x^{(0)}(i) = d^{(0)}(i)$ $x^{(1)}(i) = d^{(1)}(2i)$ $x^{(2)}(i) = d^{(1)}(2i+1)$	$M_{symb}^{layer} = M_{symb}^{(0)} = M_{symb}^{(1)}/2$
4	2	$x^{(0)}(i) = d^{(0)}(2i)$ $x^{(1)}(i) = d^{(0)}(2i+1)$ $x^{(2)}(i) = d^{(1)}(2i)$ $x^{(3)}(i) = d^{(1)}(2i+1)$	$M_{symb}^{layer} = M_{symb}^{(0)}/2 = M_{symb}^{(1)}/2$

En recevant un bloc de vecteurs $x(i) = [x^0(i), x^0(i), ..., x^0(n-1)]^T, i = 0,1,2,3, ..., M_{symb}^{layer} - 1$ du bloc de mappage des couches, le bloc de precodage génère un bloc de vecteurs $y(i) = [... y^p(i) ...], i = 0,1, ..., M_{symb}^{layer} - 1$ dans le but de les mapper sur les ports d'antennes où $y^p(i)$ est le signal sur chaque port d'antennes p.

Le precodage pour une transmission à un seul port d'antennes est come suit :

$$y^p(i) = x^0(i)$$

Pour une transmission à deux ports d'antennes $p \in \{0,1\}$, la matrice de precodage $W(i)$ doit être choisie du dictionnaire suivant :

Tableau 2:Transmission pour les ports d'antennes {0,1}

Codebook index	Number of layers v	
	1	2
0	$\frac{1}{\sqrt{2}} \cdot \begin{bmatrix} 1 \\ 1 \end{bmatrix}$	$\frac{1}{\sqrt{2}} \cdot \begin{bmatrix} 1 & 0 \\ 0 & 1 \end{bmatrix}$
1	$\frac{1}{\sqrt{2}} \cdot \begin{bmatrix} 1 \\ -1 \end{bmatrix}$	$\frac{1}{2} \cdot \begin{bmatrix} 1 & 1 \\ 1 & -1 \end{bmatrix}$
2	$\frac{1}{\sqrt{2}} \cdot \begin{bmatrix} 1 \\ j \end{bmatrix}$	$\frac{1}{2} \cdot \begin{bmatrix} 1 & 1 \\ j & -j \end{bmatrix}$
3	$\frac{1}{\sqrt{2}} \cdot \begin{bmatrix} 1 \\ -j \end{bmatrix}$	-

Algorithme de Water-Filling

Cet appendice explique brièvement les différentes étapes et itérations de l'algorithme du Water-Filling. Nous prenons le cas de calcul de la capacité donnée dans la section 5.1. Toutefois, l'algorithme du Water-Filling peut être expliqué dans plusieurs problèmes d'optimisation. Les équations du Water-Filling étaient données comme suit :

$$\gamma_i^{opt} = (\mu - \frac{N_T}{\sigma_i^2 . \rho})^+$$

Où μ est la solution de l'equation :

$$\max_{\gamma_i} \sum_{i=1}^{L} \log(1 + \gamma_i)$$

Cette solution doit vérifier les deux contraintes suivantes :

$$\begin{cases} \sum_{i=1}^{L} \gamma_i^{opt} = P_T, 1 \leq i \leq L \\ \gamma_{i \geq 0} \end{cases}$$

P_T Est la puissance totale utilisée et L est le nombre des sous-porteuses.

Soit p le nombre des itérations que l'algorithme doit effectuer. On initialise le compteur à 1, et on calcule la valeur de la constante μ comme suit :

$$\mu = \frac{N_T}{L - p + 1} . \left\{ 1 + \frac{1}{\rho} . \sum_{i=1}^{L-p+1} \frac{1}{\sigma_i^2} \right\}$$

En utilisant la valeur de μ trouvée par l'équation précédente, la proportion de puissance allouée au i^{eme} sous canal est calculée en utilisant l'expression suivante :

$$\gamma_i = (\mu - \frac{N_T}{\sigma_i^2 . \rho})$$

Si la proportion de puissance allouée au sous canal ayant le plus petit gain est négative, c'est-à-dire : $\gamma_{L-p+1} < 0$, alors, il faut écarter ce sous canal en mettant γ_{L-p+1}^{opt} à zéro. On procède à une nouvelle itération en incrémentant la valeur de p de 1. La répartition de puissance optimale est trouvée quand les proportions de puissance allouées à tous les sous canaux sont positives.

www.ingramcontent.com/pod-product-compliance
Lightning Source LLC
LaVergne TN
LVHW042347060326
832902LV00006B/434